건축,
근대소설을
거닐다

건축,
근대소설을
거닐다

소설과 건축의
콜라주로 읽는
근대건축 풍속화

김소연 지음

루아크
RUACH

근대소설과 건축의 콜라주

그때 그곳은 어떤 사람들이 어떻게 사용했을까.

근대건축을 배경으로 일어나는 보통 사람들의 삶, 그것을 공간적으로 넓히면 근대건축의 사회문화적 의미가 될 터이고, 다시 시간적으로 늘려 현재에 이르면 화석처럼 축적된 장소성이 될 터이다.

그 시절 보통 사람들의 일상과 감상이 녹아 있는 근대건축의 내면을 들여다보고 싶었다. 그래서 선택한 것이 근대소설이었다.

강경애의 〈인간문제〉

김사량의 〈천마〉

김유정의 〈따라지〉

박태원의 〈천변풍경〉〈소설가 구보씨의 일일〉〈방란장 주인〉 그리

고 〈성탄제〉

여러 소설들을 오리고 붙여 한 편의 이야기로 엮었다. 마치 콜라
주collage처럼 여러 소설을 해체하고 특정한 장소별로 조합했다. 100
여 년 전 보통 사람들이 먹고 자고 일하고 놀았던 장소에 관한 경험
과 기억을 서로 다른 소설 속 인물들이 만나 풀어간다. 이를테면 이
태준의 〈복덕방〉에 나오는 서 참위가 채만식의 〈태평천하〉 속 윤 직
원, 〈레디메이드 인생〉의 P, 박태원의 〈천변풍경〉 속 안성댁과 얽혀
'도시형 한옥' 현상을 보여주는 식이다. 그 과정에서 원래 소설을 재
구성하고 각색했다. 때로는 원본에 없는 이야기들을 덧붙였고, 등장
인물들이 원작자의 의도 밖에서 놀게도 만들었다.

　　그러다 보니 원본 소설에서 원경이었던 근대건축이 근경으로 다가
왔다. 멀리 하늘에서 내려다보는 조감도가 아니라 건물 단면에 밀착
된 일상의 세밀한 풍경이었다. 타임머신을 타고 이른바 '근대건축'이
막 지어져 애초의 기능대로 사용되던 시절로 돌아가, 그곳에서 일어
난 사람들의 행위와 욕망과 사건을 보는 기분이랄까. 좀더 현장감 있

는 근대건축의 장면을 발견하고 싶어서 어설프지만 근대소설과 건축
으로 '근대건축 풍속화' 하나를 그려보았다.

2020년

김소연

차
례

1장

도시형 한옥

대한제국 장교와 복덕방

서 참위는 장대한 체구에 눈망울이 큼직하고 성격이 꽤 괄괄했다. 1900년 대한제국 육군무관학교 보병과에 들어가 1903년 졸업과 동시에 육군 참위로 임관했다. '참위'는 대한제국의 위관급 장교였다. 서 참위가 훈련원에서 호령이라도 하면 산천도 물러설 듯 기개가 높았다. 그의 인생을 통틀어 가장 찬란한 시절이었다.

그런데 1907년 8월 1일, 일본이 대한제국 군대를 강제 해산시켰다. 대한제국 군인들은 일제히 무기고로 달려가 문을 부수고 총기로 무장해 일본군과 전투를 벌였다. 이길 수 없음을 알고 싸우는 전투는 더 처절하고 더 장렬했다. 남대문 일대는 봉기한 군인들의 피로

물들었다. 결국 대한제국 군대는 황실을 호위하는 한 개 대대만 남기고 해산되었다.

해산된 군인들은 의병에 합류하거나 만주로 가서 항일독립운동에 뛰어들었다. 황실 친위대처럼 이름뿐인 군대에 남기로 한 사람도 있었고, 종로에 나가 난생처음 장사를 시작한 사람도 있었다. 그로부터 3년 뒤인 1910년 8월 29일, 대한제국은 한일강제병합조약으로 국권을 상실했다.

그동안 친위대에서 이런저런 기회를 엿보던 서 참위는 이제부터 핏줄을 부양하며 한갓 미물로 살기로 했다. 골목 한 귀퉁이에 작은 방 한 칸을 얻어 입구에 "토지가옥소개업"이라 쓰인 목판을 세로로 걸었다. 처마 밑에는 가로로 福, 德, 房을 꾹꾹 눌러쓴 베 헝겊을 매달았다. 조붓하고 긴 소나무 널로 걸상도 만들었다. 서 참위는 그곳에 앉아 누가 안 오나 온종일 한길을 내다보는 생활을 시작했다. 왕년의 대한제국 장교가 '집주름'이 된 것이다.

'집주름'(오늘날 표준어는 집주릅)은 토지와 가옥 매매를 알선하는 사람이었다. 한자어로 '가쾌家儈'라고도 했다. 대개 한동네에 오랫동안 살면서 집집마다 사정을 훤히 꿰고 있는 마을 어른이 맡아서 했는데, 자유롭게 이주하는 사람이 드문 신분제 농업사회에서 집주름의 역할은 가끔 벼슬 살러 오는 사람에게 살 집을 찾아주는 정도였다. 그런데 개항 이후 집을 구하는 외국인과 이주자가 늘어나면서 집주름은 돈벌이가 되는 '직업'이 되었다. 손님을 상대하는 방을 따로

마련하고, 집을 통해 복과 덕까지 나눠주려는 듯 '복덕방'이란 간판을 내걸었다.[1]

그렇다고 집주름이 당장 돈을 많이 버는 직업은 아니었다. 서 참위의 수입만 해도 할 일 없는 영감이 소일거리 삼아 하기에 딱 좋을 만큼이었다. 삼십 대의 대한제국 장교 출신이 할 만한 일은 아니었지만 서 참위는 달리 할 게 없었다. 다른 일을 벌일 밑천도 부족했고 종로에서 장사를 하다가 망한 동료들을 여럿 봐왔기에 장사할 마음도 들지 않았다. 복덕방으로 겨우 굶지 않을 만큼만 벌었는데 일단 뭐라도 할 수 있다는 것만으로도 위안이 되었다.

1920년대가 되자 변화의 바람이 불면서 서 참위의 궁핍한 생활에 서광이 비치기 시작했다. 1920년 조선총독부는 조선인의 회사 설립과 운영을 통제하기 위해 10년간 실시했던 회사령을 폐지했다. 조선인 자산가가 등장하고 회사와 공장이 증가하면서 많은 노동자가 필요해졌다. 그즈음 그동안 일제의 수탈정책으로 몰락한 농민들이 일거리를 찾아 경성으로 몰려들었다. 근대적 산업만이 아니라 근대적 교육기관도 속속 들어섰다. 1916년에 일제는 3년제 경성공업전문학교(1922년 경성고등공업학교로 개편)를 설립했는데, 그곳 건축과에서 조선인 건축가들이 여럿 배출되었다. 이에 발맞춰 근대적 건물을 원하는 조선인도 늘어났다. 시골 지주와 지방 부호들이 자식 교육을 위해, 과중한 세금을 피하고 근대적 자산가 그룹에 합류하기 위해 경성으로 옮겨왔다.

바다 건너 일본인들까지 조선을 신천지쯤으로 여기고 건너오면서 경성 인구는 폭발적으로 증가했다. 1920년에 25만여 명이던 경성 인구가 1930년에는 38만여 명, 1940년에는 93만여 명, 해방되기 전 해인 1944년에는 98만여 명으로 늘어났다.[2]

경성 인구가 급증하는 만큼 주택 수요도 증가했다. 낡은 집은 고치면 고치는 대로, 새로 짓는 집은 짓는 대로 팔려나가기 바빴다. 팔리는 족족 이문이 남았다. 자산이 있고 눈썰미가 빼어난 집주름은 직접 인부를 고용해 집을 지어 팔고 임대도 했다. 관철동이나 다옥정(지금의 중구 다동) 같은 곳은 아주 옛날 집만 아니면 집값이 만 원대를 예사로 넘었다.

바야흐로 복덕방 전성시대였다. 서 참위는 돈벼락까지는 아니지만 돈방석에는 앉아봤다. 이사철인 봄가을이면 한 달에 삼사백 원을 벌었다. 조선총독부 조선인 판임관의 월급이 38원, 공립보통학교의 남자 교사 월급이 54원, 의사가 75원을 벌던 때였다.[3] 서 참위는 그렇게 몇 해를 벌어 가회동에 수십 칸 집을 짓고 또 몇 해를 벌어 창동 근처에 땅을 장만했다.

돈이 좋긴 좋았다. 서 참위는 중학교에 다니는 둘째아들과 마누라가 시퍼런 지폐를 기분 좋게 세는 모습을 볼 때마다 이게 꿈인가 생시인가 싶었다. 여유가 생기니 복덕방 초창기에 불쑥불쑥 치솟던 감상도 수그러들었다. 복덕방 걸상에 앉아 온종일 누가 오지 않나 눈이 빠지도록 거리를 내다보던 그때, 서 참위에게 굶지 않을 만큼의 수입보다 더 견디기 힘들었던 것은 무너진 자존심이었다.

'내가 누군데, 훈련원에서 칼을 차고 병법을 익히던 내가, 기생·갈보가 사글셋방 한 칸 얻어달라 해도 예예 하며 따라나서다니…. 대한제국 참위가 만인의 심부름꾼이 되었구나.'

자조에 빠질 때면 술집에 꾸겨 앉아 서글픈 눈물을 찍어내곤 했다. 이제 밥걱정과 땔감 걱정은 없지만, 그렇다고 서럽고 쓸쓸한 감회가 완전히 사라진 것은 아니었다.

어느 날 서 참위는 우연히 옛 동료를 보았다. 서 참위보다 나이는 어리지만 학식과 재치가 있는데다 호령 소리가 좋아서 상관에게 늘 칭찬받던 김 참위였다. 그 목청은 여전한데 겉모습은 어느새 중노인이 되어 있었다. 어디 그뿐인가. 김 참위는 가마니와 저울을 들고 유리병·간장통·신문·잡지를 팔라고 외치며 돌아다니고 있었다. 서 참위는 예전의 김 참위를 생각하며 그날의 김 참위를 아는 체할 수 없었다. 다시 서럽고 쓸쓸한 감회에 젖어 냉수만 들이켰다.

'거저 살아야지 별 수 있나. 지난 일, 그까짓 것 생각할 건 뭐 있나. 사는 날까지…. 허허.'

서 참위는 사는 날까지 웃으며 살기로 했다. 누구에게나 농지거리를 하고 실없는 소리를 건네며 가볍게 살기로 했다. 지나간 과거 대신 눈앞의 현실에 온몸을 푹 담그고 살자 싶었다.

'대한제국이 망한 지가 언젠데, 피 끓는 청춘도 다 지나간 나이에…. 그저 사는 날까지 허허 하며 사는 게야, 허허…. 아, 그런데 이

고약한 기분은 뭐지? 찬바람이 쌩쌩 부는 들판에 혼자 내던져진 것 같은 이 기분은.'

"허허."

서 참위는 억지로 소리 내어 웃어보지만 입언저리만 실룩실룩할 뿐, 얼굴의 다른 근육은 좀처럼 움직여지지 않았다.

천민 출신 지주 윤 직원의 가회동 한옥

예전에 집은 필요한 사람이 알아서 한 채씩 지어서 살았다. 그러나 인구가 급증하는데 집이 턱없이 부족하다면? 전통적이고 자연적인 생산 방식은 해결책이 못 된다. 공장에서 물건을 찍어내듯 집도 한꺼번에 대량으로 생산해야 한다. 공사 기간은 짧을수록 좋다. 그래서 등장한 것이 이른바 '집장사 집'으로 불렸던 '도시형 한옥'[4]이었다. 그것은 특정한 개인이 필요해서 한 채씩 짓는 집이 아니라 불특정 다수에게 상품으로 팔기 위한 집이었다.

도시형 한옥은 주로 건축업자가 대형 필지를 사서 작은 필지로 나눈 뒤 골목길을 내고 여러 채의 한옥을 다닥다닥 붙여 짓는 방식이었다. 필지 크기에 따라 6~7호에서 30~40호씩 짓고 대지 면적은 20~50평대가 많은 한옥단지였다. 재래 한옥에 비해 대지가 좁아진 만큼 공간을 효율적으로 사용하기 위해 마당을 대지 가운데에 두고 한옥을 ㄱ자, ㄷ자, ㅁ자 모양으로 놓았다. 그렇게 만든 한옥 안에 과거 안채·사랑채·행랑채 등으로 떨어져 있던 공간을 집중적으로 배치했다. 여성의 공간인 안채, 남성의 공간인 사랑채, 하인의 공간인 행랑채가 가까워진 것은 좁아진 대지 면적 외에도 전통적인 남녀 관계나 신분 질서가 느슨해진 탓도 있었다.

도시형 한옥은 공급자와 수요자 모두에게 유리한 생산 방식이었다. 공급자 입장에서 보면, 목구조인 한옥은 벽돌구조의 서양식 문화주택보다 경제적이었다. 양옥보다 한옥을 짓는 건축기술자의 인건비가 낮았고, 목재를 규격화해 공장에서 대량으로 생산하면 건축비와 공사 기간도 줄일 수 있었다. 한옥 사업이니만큼 일본 건설업자들과 경쟁할 필요도 없었다. 이래저래 도시형 한옥은 일본인보다 자본이 적은 조선인이 도전해볼 만한 신사업이었다.

수요자 입장에서는 몸에 익숙한 한옥을 더 편하고 더 위생적으로 개량하니 좋았다. 재래 한옥에서 외부에 노출되었던 대청에 유리문을 달아 현관과 거실로 사용했는데, 대청이 실내 공간이 되자 난방이 가능해져 가족의 생활 공간이 되었다. 별도의 건물로 떨어져 있던 변소는 행랑채(문간채) 한쪽에 설치해 건물의 일부로 삼았다.[5] 함석 차양을 만들고 외벽에 벽돌이나 타일 등 새로운 재료를 사용해 신식 한옥이라는 차별성도 생겼다. 문간채에 세를 놓으면 임대료까지 챙길 수 있어서 더욱 좋았다. 도시형 한옥은 심리적으로 편안한 한옥을 도시 환경에 맞게 개량한 현실적이고 대중적인 대안이었다. 예외적인 경우도 있었다. 과거 왕실 종친과 벼슬아치들이 많이 살았던 가회동에 지은 도시형 한옥은 중대형 대지에 한옥의 배치와 평면이 다양한 고급형이 많았다.[6] 재동이나 계동처럼 명문 집안이 몰려 있거나 유명 인사, 지식 계급이 많이 살았던 동네에도 고급 한옥단지가 개발되었다.

호남에서 상경한 지주 윤 직원은 가회동에 집을 마련했다.[7] 윤 직원은 원래 천민 출신이었다. 시골 향교에서 '직원'이라는 직함을 얻기 전에는 '윤두꺼비'로 통했다. 이름이 있었지만 생김새가 워낙 두꺼비와 닮아서였다. 윤두꺼비의 부친은 얼굴이 말처럼 길어서 별명이 '말대가리'였다. 말대가리는 나이 삼십이 넘도록 상투망건도 없이 삿갓 하나 쓰고 시골 노름방을 어슬렁거리면서 개평 푼이나 뜯어내던 사람이었다. 담보는 좀 큰 편이지만 무식꾼이었고, 바느질품으로 겨우 풀칠이나 하는 아내에게 달라붙어 반평생을 질펀하게 놀고먹었다.

사람 팔자 알 수 없다더니 말대가리가 그랬다. 어쩐 일로 말대가리에게 돈 이백 냥이 생겼다. 시골에서 돈 이백 냥이면 웬만한 새끼부자 축에 들었다. 그때부터 말대가리는 완전히 딴사람이 되었다. 노름방에 발길을 싹 끊고 논을 사고 돈놀이를 하더니 거짓말처럼 살림이 불어났다.

말대가리가 벼락부자가 되자 돈 냄새를 맡고 덤벼드는 사람들이 생겼다. 고을 수령은 걸핏하면 말대가리를 옥에 가두고 형장을 때려가며 토색질을 했고, 화적패는 화적패대로 약탈을 일삼았다. 결국 말대가리는 화적패의 요구를 거절하다 참혹하게 죽었다. 곡간이 불에 활활 타던 날 밤, 윤두꺼비는 피에 물든 아비의 시체를 안고 땅을 치고 이를 부득부득 갈며 절규했다.

"이놈의 세상, 어느 날에 망하려느냐!"

"오냐, 우리만 빼놓고 어서 망해라!"

그때가 1903년이었다. 7년 후인 1910년, 윤두꺼비가 말하던 "이놈의 세상"은 정말 망했고, "우리만 빼고 망하라"는 저주도 들어맞았다. 일제의 수탈로 다들 굶주리는데 윤두꺼비는 부친이 남긴 재산을 불려 시골에서 돈으로는 남부러울 게 없는 사람이 되었다. 망한 나라에서 신분 질서가 해체되는 틈을 타 신흥 지주가 된 윤두꺼비는 드디어 태평천하가 되었다며 기뻐했다. 이제 윤두꺼비는 천민의 흔적을 지우고 장차 가문의 영광을 위해 '4대 사업'에 착수했다.

첫 번째 사업은 족보 도금하기였다. 별 볼 것 없는 족보를 몇 대 윤 아무개는 무슨 정승이요, 몇 대 아무개는 효자요, 아무개 부인은 열녀요 하는 식으로 돈 2000원을 들여 그럴싸하게 꾸몄다. 그런데 막상 만들어놓고 보니 의외로 뿌듯함이 오래가지 않았다. 족보에 아무리 금칠을 해봤자 윤두꺼비가 노름꾼 말대가리의 자식이라는 사실에는 변함이 없었기 때문이다.

두 번째 사업은 직함 갖기였다. 유교의 권위가 땅에 떨어진 세상에서 향교는 힘도 없고 돈도 없었다. 그런 향교에게 윤두꺼비는 가뭄의 단비 같은 존재였다. 원칙대로라면 향교에서 학문과 덕망이 높은 선비에게 주는 직함인 '직원'이 윤두꺼비에게 돌아갔다. 세상은 원칙이 없어졌고 향교는 돈이 아쉬웠기 때문이다.

세 번째 사업은 양반과 혼인하기였다. 윤두꺼비의 아들은 일찍이 시골에서 아전 집과 혼인을 한 탓에 어쩔 수 없었지만 윤 직원이 된 후 딸과 손자들은 찢어지게 가난한 양반 집안을 찾아 사돈을 맺었다. 물론 이번에도 윤 직원의 재산이 촉진제가 되었다.

네 번째 사업은 4대 사업 중에서 핵심 사업이었는데, 바로 권세와 실속을 모두 가진 양반을 직접 배출하는 것이었다. 윤 직원은 첫째 손자를 군수, 둘째 손자를 경찰서장으로 만들 작정이었다. 그러려면 교육과 인맥이 중요했는데, 중등 이상의 교육기관은 대부분 경성에 몰려 있었다.

손자들의 교육 문제 때문이 아니더라도 윤 직원이 상경할 이유는 더 있었다. 시골은 도시에 비해 부자 수가 적어서 윤 직원 같은 지주에게 부과되는 각종 공과금과 기부금이 도시 부유층에게 부과되는 것보다 훨씬 많았다. 윤 직원은 그게 억울했고, 가난한 푸네기들에게 뜯기는 돈도 아까웠다. 무엇보다 질색팔색인 것은 뜬금없이 찾아오는 양복쟁이들이었다. 그들은 벌건 대낮에 양복을 잘 차려입고 와서 윤 직원 코앞에 총구멍을 쓱 들이대고는 오래전에 맡겨놓은 돈을 찾아가듯 집 안에 있는 현금을 몽땅 털어갔다. 방바닥에 돈을 받았다는 영수증까지 척 써놓고 가는 꼴은 화적패보다 더 징글징글했다.

장차 가문의 영광을 위해서도, 재산을 지키고 안전을 위해서도 경

건축, 근대소설을 거닐다

성행이 답이었다. 삼만 석 시골 살림은 마름에게 맡기고 은행에 예금해둔 10만 원으로 경성에서 고리대금을 놓으면 경성행은 일석이조가 아니라 일석사조는 될 터였다. 다른 지주들도 세금 문제와 자식 교육 때문에 한창 상경하고 있었으니 별스러운 선택도 아니었다. 자연스럽게 윤 직원은 그 유행에 합류했다.

윤 직원이 온 가족을 데리고 이사한 가회동은 예전부터 상류층이 모여 살던 곳으로 경성의 부자촌 8위에 꼽혔다. 경성의 부자촌 1위부터 7위까지가 모두 일본인 동네였으니 사실상 가회동은 조선인 동네에서 최고 부자촌인 셈이었다. 가회동에는 일본 정부에게 작위를 받은 귀족을 비롯해 고위 관료와 경제인이 많이 살았고, 1930년대 중반부터는 골목길에서 각 지방의 사투리가 들릴 정도로 지방 부호나 일확천금한 부자들도 끼어들었다.[8]

가회동에 새로 입성한 윤 직원은 자신의 인간 승리와 출세를 실감하며 한껏 기가 올랐다. 가회동 집은 윤 직원이 보기에도 남달랐다. 평수로 따지면 시골에서 살던 집보다 좁았지만 운치랄까 멋이랄까, 아무튼 고급스럽고 세련된 분위기가 물씬 풍겼다. 20~50평대 대지에 ㄷ자형 집을 다닥다닥 붙여 지은, 대량 생산된 전형적인 집장사 집이 아니었다. 기본적으로 도시형 한옥의 특징을 갖고 있으면서도 가회동에 어울릴 만한 고급형 한옥이었다.

서 참위가 소개해준 윤 직원의 집은 140평 대지에 솟을대문까지 있었다. 사랑채, 행랑채, 안채, 뒤채로 구성되었고, 대문을 열면 안채와 사랑채로 진입하는 문이 따로 놓였다. 안채에 안마당이 있듯이 사랑채에도 사랑마당이 별도로 있었고, 안채 뒤 마루를 통해 뒤채로 연결되었다. 방마다 한지 대신 유리 미닫이문을 달았고 안채 대청에는 커다란 괘종시계를 두었다.

한옥은 공간마다 성별과 연령에 따라 위계질서가 있는데 윤 직원의 집은 좀 달랐다. 안채 안방은 안살림 전권을 쥔 안주인이 거처하는 공간이었다. 가회동으로 이사 왔을 때 안방은 당연히 윤 직원의 아내가 차지했다. 그런데 그 아내가 병으로 죽자 안방은 하나뿐인 며느리가 아닌 딸에게 돌아갔다. 그렇다고 딸이 안살림을 책임지는 건 아니었다. 안방은 딸이 차지하고 안살림의 전권은 손자며느리에게 갔다. 윤 직원의 며느리는 마땅히 물려받아야 할 안방과 안살림을 모두 빼앗긴 채 건넌방으로 밀려났다. 그렇게 만든 사람은 윤 직원이었다. 시골 아전의 딸인 며느리와 윤 직원은 상극이었다. 상극도 보통 상극이 아니라 시아버지와 며느리의 법도를 내팽개치고 서로 들이대고 싸우는 상극이었다. 그러나 돈줄을 쥔 사람은 결국 윤 직원이었으니 싸움은 싸움으로 그칠 뿐이었다.

며느리가 그런 대접을 받고 사는데 남편인 윤 직원의 아들은 아무런 도움도 위로도 되지 않았다. 윤 직원의 아들은 시골에서부터 첩을 얻어 딴살림을 차렸다. 경성에 올 때도 첩을 데려와 동대문 밖에서 치가를 하더니 새로 기생첩을 또 얻어 관철동에도 첩살림을 차렸다. 아들은 나이 오십이 되도록 세상일에는 도통 관심이 없었고, 할 줄 아는 것이라곤 이 첩 집에서 술을 마시다가 저 첩 집에서 마작을 하고, 이 친구들과 어울려 술을 마시다가 저 친구들과 유람을 다니는 것이었다. 돈이 필요하면 마음대로 빚을 얻어 썼고 윤 직원은 연대 채무에 걸려 그 빚을 갚아야 했다. 하다하다 나중에는 윤 직원이 아들을 준금치산자로 신고하자 아들은 이에 윤 직원의 도장을 새겨 썼다. 아들은 돈이 필요할 때에만 가회동 집에 왔고, 오더라도 아내가 있는 안채의 건넌방에는 얼씬도 하지 않았다.

그럼, 안방을 차지한 딸의 처지가 편한가 하면 그것도 아니었다. 윤 직원이 양반과 사돈을 맺으려고 가난한 양반집에 시집 보낸 딸은 일 년 만에 남편이 전차에 치어 죽으면서 새파란 과부가 되어 친정으로 돌아왔다. 그 딸이 윤 직원의 맏며느리 대신 들어간 안방에서 하는 일은 윤 직원이 시골에서 술어미와 관계해 낳은 사내아이를 돌보는 것이었다. 윤 직원의 열다섯 살 증손자와 동갑인 그 아이는 몸도 머리도 발육이 늦어 온전치가 않았다. 윤 직원에게는 눈에 넣어도 아프지 않을 막내둥이였지만 집안에서는 천덕꾸러기 대접을 받고 때로는 손자뻘인 동갑내기에게도 걸핏하면 괴롭힘을 당했다.

안채 뒤편의 마루와 연결된 뒤채에는 윤 직원의 손자며느리 둘이 살았다. 첫째 손자며느리는 안살림의 막중한 책임만 떠맡았을 뿐 생과부나 다름없었다. 윤 직원이 군수로 만들려 했던 장손은 술과 주색에 빠져 돈을 물 쓰듯 하다가 윤 직원의 인맥으로 고향에서 군 고원 노릇을 했다. 윤 직원은 싹수가 노란 장손을 기어이 군수로 만들기 위해 이리저리 돈을 뿌렸지만, 정작 당사자는 고향과 경성을 오가며 계집질과 술타령에, 제 부친을 닮아 윤 직원의 도장을 새겨 쓰고 다녔다. 장손의 아들이자 하나뿐인 열다섯 살 증손자는 공부와는 담을 쌓고 출싹거리며 돌아다녔다.

둘째 손자며느리는 양반집 딸이지만 학교라곤 근처에도 가보지 못했고 외모도 한참 떨어졌다. 둘째 손자는 집안에서 유일하게 공부를 잘해 윤 직원이 일찌감치 경찰서장감으로 점찍어두었던 인물. 그런데 혼자 동경으로 유학 간 뒤로는 대놓고 이혼하겠다는 편지만 줄기차게 보내왔다.

두 손자며느리가 지내는 뒤채에는 꽃과 버들을 새긴 의걸이, 이불장, 삼층장과 양복장이 으리으리했다. 그런데 그 안에 넣어두고 입을 옷이 없었다. 남들 보기에는 만석꾼 부잣집 며느리였지만 실상은 독수공방에 제대로 입지도 먹지도 못하는 신세였다. 돈 한 푼이 아까워 벌벌 떠는 윤 직원은 밥상에 보리쌀이 적다 싶으면 난리를 피웠다. 입은 어찌나 험한지 입만 열면 쌍소리가 튀어나왔다. 고기 한 번 마음 놓고 먹는 것이 소원인 부잣집 손자며느리들의 얼굴은 영양 부족으로 퍼석퍼석, 손가락은 온갖 노동으로 갈고리처럼 험상궂었다. 알 만한 사람들은 윤 직원 집에 과부 네 명이 산다고 했다. 안채 안방에 청상과부 하나, 안채 건넌방과 뒤채에 생과부가 셋이라고 말이다.

생과부들의 남편은 모두 나가서 살고 있으니 사랑채는 윤 직원 차지였다. 한옥에서 사랑채는 바깥주인이 거처하면서 외부 손님을 접대하는 공간이었다. 사랑채에 어떤 손님이 와서 무엇을 하는지 보면 집주인이 어떤 사람인가를 알 수 있다. 윤 직원의 사랑채에 오는 손님은 돈놀이와 관련된 사람이거나 값싸게 데리고 놀기 위해 부른 어린 기생이 대부분이었다. 그곳에서 윤 직원은 갑질을 하거나 희롱을 했고 아침마다 엽기적인 장면을 연출했다. 눈에 좋다며 자신의 오줌으로 눈을 씻고, 몸에 좋다며 이웃 아이의 오줌을 받아와 마셨다. 평생 돈만 알고 변변한 친구 하나 없는 윤 직원의 사랑채는 사랑채다운 기능을 잃은 물욕과 색욕의 공간이었다.

서 참위는 윤 직원에게 집 두 곳을 중개했다. 하나는 가회동 본가고 다른 하나는 윤 직원의 첩이 살 집이었다. 윤 직원은 시간 절약, 교통비 절약을 내세우며 본가 바로 옆에 첩살림을 차렸다. 그 집에서 윤 직원의 첩은 2년을 살다가 이웃집 보험회사 외판원과 눈이 맞아 야반도주를 했다. 서 참위는 그 과정을 목격하며 입이 쩍 벌어졌다. 아무리 원수 같은 가족이지만 4대가 사는 집 옆에 떡하니 첩살림을 내는 윤 직원의 뻔뻔함이 놀라웠고, 물주의 옆집에서 다른 남자와 바람을 피운 첩의 기개도 대단해 보였기 때문이다.

서 참위는 윤 직원의 호출로 가회동 집에 갔다 오고 나면 속이 시끄러웠다. 집만 좋았지, 그 집에서 일어나는 사람들의 행동과 표정, 냄새, 소리로 따지면 한마디로 콩가루 집안이었다. 반질반질 청소가 잘 된 집에서 일어나는 풍경은 메마르고 초라했다. 하다못해 가족들이 안방에 두런두런 앉아 맛있게 밥 먹는 모습마저 볼 수 없었다. 윤 직원의 집은 온통 싸우고 야단치는 소리로 가득했다. 윤 직원은 돈 문제로 아들과 손자, 며느리, 딸과 싸웠다. 딸은 윤 직원의 며느리, 손자며느리와 싸웠고, 증손자는 윤 직원의 막내둥이와 싸웠다. 며느리는 시아버지, 시누이 그리고 다른 며느리들과 싸웠고 때때로 관철동 첩 집에 쳐들어가 부수고 싸웠다.

'좋은 집이란 과연 무엇일까.'

서 참위는 간판 삼아 붙여놓은 베 헝겊을 올려다보았다.

복. 덕. 방.

서 참위는 베 헝겊에 적힌 세 글자를 보며, 좋은 집이란 복과 덕이 있는 집이 아닐까 생각했다. 그렇다면 윤 직원의 집은 복과 덕이 없는 집이었다. 공기 중에 행운이 떠돌다가도 윤 직원의 집만은 피해 갈 것 같았다. 복과 덕이 있는 좋은 집은 그저 잘 지어진 집이 아니라 그 속에서 사람들이 잘 살아가는 집이었다.

'좋은 집이란 좋은 사람들이 사는 집일까, 아니면 좋은 사람으로 만들어주는 집일까.'

서 참위의 생각은 계속 이어졌다.

복. 덕. 방.

서 참위는 처마에 달린 글자들을 다시 한 번 훑어보았다. 새삼 자신의 직업이 만만한 것이 아님을 깨달았다.

건축, 근대소설을 거닐다

안성댁의 계동 집장사 집

안성댁은 민 주사의 첩이었다. 나이는 민 주사의 절반인 스물다섯. 고향이 안성이라서 안성댁으로 불렸다. 민 주사는 관철동에 안성댁이 살 집을 마련해주고 시중드는 아이를 붙여주었다. 관철동은 조선인 상권 중심지대에 속했지만 빌딩이 늘어선 종로 대로변과 달리 뒷골목 분위기였다. 왁자지껄한 골목 상권이 형성되고 술집이 늘어나면서 예전에 살던 부자들은 시외 주택지로 옮겨가고 상인과 여급, 기생들이 들어와 살았다. 그래서인지 기생이나 여급을 하다가 첩이 된 후에도 여전히 관철동에 사는 사람이 많았다. 윤 직원의 아들이 경성에서 새로 들인 기생첩이 사는 곳도 관철동이었다.

민 주사는 안성댁을 들이고 나서 양 볼의 살이 쏙 빠지고 혈색도 나빠졌다. 절반의 나이를 상대하는 피로감도 있었지만, 안성댁이 밤마다 벌이는 마작에 푹 빠져 날밤을 꼬박 새운 탓이 컸다. 그랬던 민 주사가 경성부회 선거에 나가면서 관철동에 발길을 뚝 끊었다. 선거운동을 하느라 바쁘기도 했지만, 불법인 마작 노름을 하다가 경찰에 고발이라도 당할까 봐 겁이 났던 것이다.

어느 날 민 주사는 잠깐 밖에 나온 김에 안성댁 생각이 났다. 청계천변을 따라 걸으며 관철동으로 가는데 문득 그동안 대낮에 안성댁을 찾아간 적이 없다는 것을 알게 되었다. 한동안 선거운동 때문에 가지 않았기에 전에 없이 대낮에 갑자기 나타나면 안성댁이 얼마나 놀라고 반가워할까 싶어 민 주사는 잔뜩 기대에 부푼 채 발걸음을 재촉했다. 드디어 관철동에 도착해 집 안으로 불쑥 들어서는데 아, 이게 웬일이란 말인가.

민 주사 눈 앞에 펼쳐진 것은 유성기를 틀어놓고 마루에 누워 히히거리고 있는 남녀! 단속곳 바람의 여자는 다름 아닌 안성댁이었고, 가슴을 풀어헤친 남자는 전문학교 학생이었다. 민 주사는 그대로 얼어붙고 젊은 남자는 얼굴이 흙빛이 되어 안절부절못하는데, 안성댁은 과연 여우였다. 금방 천연덕스러운 얼굴이 되어 민 주사에게 남학생을 떡하니 소개하는 것이다. 고향에서 한 가족처럼 지내던 이웃인데 어떻게 알고 오늘 처음 찾아왔다고.

안성댁의 화술과 표정이 아무리 교묘해도, 또 민 주사의 성격이 아무리 둔하고 물렁해도, 방금 전 장면의 의미는 너무나 명확했다. 민 주사는 입안에 쓰디쓴 침이 고이고 눈살이 찌푸려졌다. 그러나 곧 죽어도 체면인 민 주사가 근육질의 젊은 남학생에게 한 말은 "그럼, 천천히 노다 가시구려"였다. 그대로 집을 나서는데 골목길에서 그만 속이 부글부글 끓어올랐다.

'내가 이렇게 점잖으니 계집이 나를 얕보고 내 얼굴에 똥칠을 하는 것이 아닌가. 아니, 집도 어엿한 내 집이고 계집도 어엿한 내 계집인데, 왜 그 학생 놈을 쫓아내지 못하고 내가 질겁하고 뛰어나온단 말인가.'

그때 단골 중국집 아이가 묵직한 배달통을 들고 나타났다. 민 주사에게 인사를 하고 아이가 부리나케 들어간 곳은 방금 전 민 주사가 나온 집. 순간 민 주사의 눈에서 불이 번쩍, 그러나 당장 뭘 어떻게 한단 말인가. 무력해진 민 주사는 길바닥에 침을 탁 뱉고 고개를 푹 숙인 채 선거사무소로 돌아갔다.

민 주사는 눈코 뜰 새 없이 선거운동을 하면서도 괘씸한 연놈을 한칼에 베어버릴 상상을 하며 복수할 날을 기다렸다. 그러나 낙선을 하면서 민 주사는 덜컥 앓아누웠고, 기운을 차린 뒤에야 안성댁을 내칠 결심을 하고 관철동으로 향했다. 민 주사가 워낙 무른 성격이라서 작심에 작심을 했는데도 역시 민 주사는 안성댁의 맞수가 아니었다. 안성댁의 현란한 여우짓에 넘어가 내치기는커녕 자신이 오해한 것은 아닌지 착각까지 하게 되었다.

더 만만해진 민 주사는 안성댁의 난데없는 요구에 꼼짝없이 걸려들었다. 안성댁은 계동에 새로 지은 '집장사 집'으로 이사 가고 싶다며 민 주사를 들볶아댔다. 안성댁이 점찍어둔 집장사 집은 관철동 집을 팔아도 돈 1000원이나 더 보태야 살 수 있었다. 선거 빚까지 있어서 민 주사가 계속 미적대자 안성댁은 결정적인 한 방을 날렸다.

"영감이 안 계신 뒤에 남아 있을 이년의 팔자도 사나울 것이고, 또 지금은 홀몸도 아니고 벌써 삼 개월째, 그러니 아이를 생각해서라도…."

"아니, 홀몸이 아니라고?"

민 주사의 주름 잡힌 얼굴이 순식간에 환하게 펴졌다. 그것으로 결론이 났다. 얼마 후 안성댁은 계동의 집장사 집으로 이사했고, 이사한 김에 새집 명의를 안성댁으로 돌렸다. 이로써 안성댁은 첩 신세에 집과 집문서, 두 마리 토끼를 한꺼번에 잡았다. 안성댁은 그 일이 성사되는 데에 결정적인 역할을 한 서 참위가 고마워 큰절이라도 하고 싶었다.

첩 신세는 서럽고 불안했다. 병약한 민 주사가 갑자기 죽으면 본처는 당장 안성댁을 쫓아낼 게 뻔했다. 안성댁은 그때를 대비하고 싶었다. 민 주사가 어떻게 되기 전에 뭐라도 든든한 것을 받고자 한 것이다. 그게 뭘까 생각하니 집이 가장 좋았다. 집에 들어가 살 수 있을 때는 살고, 살 수 없을 때는 팔면 목돈이 되니까. 안성댁은 처음에 자신이 살고 있던 관철동 집을 욕심냈다. 그러나 아무리 여우 같은 안성댁이지만 막상 민 주사에게 집문서를 자기 이름으로 바꿔달라고 하려니 도무지 입이 떨어지지 않았다. 답답한 마음에 집 시세라도 알아보자 싶어 서 참위의 복덕방을 찾았다.

서 참위는 안성댁의 말과 태도에서 조바심과 불안을 눈치챘다. 서 참위는 첩살이 집을 여러 번 중개하면서 첩의 실상을 적나라하게 목격했다. 돈 좀 있는 남자들은 첩을 필수 유행품쯤으로 여겼다. 첩 한두 명은 기본이었고 능력껏 기분 내키는 대로 첩을 바꾸었다. 드물게 민 주사처럼 무던하고 착해 여자에게 잘 속는 남자도 있었지만, 애정이 식자마자 그동안 첩에게 주었던 옷과 금붙이를 모조리 빼앗고 집에서 쫓아내는 독종도 있었다. 첩은 첩대로 돈 많은 영감에게 물질적으로 의지하면서 따로 몰래 젊은 애인을 두기도 했다. 얼굴에 주름이 생기고 피부 탄력이 떨어지면 생명이 끝나는 것이 기생과 첩이었다. 첩살이하는 집은 첩의 신분이 유지되는 동안만 살 수 있었다. 그래서 미래가 불안한 첩은 나이 많은 영감에게 보험 삼아 자기 명의로 된 집 한 채를 얻어내려고 안달을 냈다.

서 참위는 안성댁이 집문서 하나 챙기고 싶은 마음을 알아채고 단도직입적으로 말했다. 주변이 시끄러운 관철동 집은 놔두고 살림집이 많은 다른 동네에서 집을 구하라고. 이왕이면 새 집으로. 밑져봐야 본전이니 일단 민 주사에게 건양사 집을 사달라 해보라고. 그렇게 하는 것이 자연스럽게 집문서 이야기를 꺼내기도 수월하고 훗날 든든한 대비책이 될 거라고….

안성댁은 속마음을 들켜 얼굴이 화끈거리면서도 살아오면서 누가 자신에게 이런 충고를 해주었던가 싶어 고맙기도 했다. 서 참위의 충고대로 안성댁은 관철동 집을 포기하고 계동 건양사 집을 새로운 목표로 정했다. 쇠뿔은 단김에 빼고 열 번 찍어 안 넘어가는 나무 없다는 안성댁 특유의 전투력으로 민 주사에게 돌격했다. 결과는 대성공이었다.

한창 뜨는 '집장사 집' 중에서도 집안에 갇혀 사는 여성들도 알 만큼 유명했던 집은 '건양사'에서 만든 한옥이었다. 건양사는 경남 고성 출신의 정세권이 1920년에 상경해 설립한 회사였다. 회사 초창기에는 여느 건축업자들처럼 몰락한 왕족이나 양반가의 대형 필지를 사들여 여러 필지로 나눈 뒤 중소형 한옥단지를 만들었다. 익선동 한옥단지가 바로 종친과 고종의 서자가 내놓은 사저를 매입해 개발한 곳이었다. 건양사는 가회동을 비롯해 계동·재동·창신동에 한옥단지를 세웠고, 나중에는 성 밖 성북동 등지에도 건설했다.

건양사가 도시형 한옥 사업의 대표주자가 된 것은 한옥의 질적인 개선과 다양한 분양 방식 때문이었다. 상류층과 지식인들이 서양식 문화주택을 문명의 이름으로 찬양하고 한옥을 폄하할 때, 한옥을 개선하려는 정세권의 노력은 대단했다. 정세권은 조선인의 생활 방식을 반영하면서도 더 위생적이고 더 실용적이며 더 경제적인 한옥을 개발하려고 애썼다. 박길룡을 비롯한 조선인 건축가들이 제안하는 주택 개량안도 적극 수용했다.

주택의 남쪽 면을 넓게 설계해 채광 면적을 넓히거나, 주택 공간을 주거 부분(안방·아동방·사랑방)과 종속 부분(주방·욕실·변소 등)으로 구분해 주거 부분은 남향이나 동향으로, 종속 부분은 북향이나 서향으로 배치해 위생적인 실내 환경을 조성했다. 재래 한옥에 없는 현관을 만들고 거실 역할을 하는 대청을 통해 사랑방·안방·주방을 실내로 연결시켜 각 장소로 이동할 때 신발을 신고 벗는 불편함을 없앴다. 실내에 수도를 설치하고 부엌에 타일을 깔아 가사노동 환경도 개선했다. 한옥 면적을 규격화하고 실내 공간의 배치를 표준화해 건축비도 줄였다. 정세권은 '건양주택'을 비롯해 여러 형태의 한옥을 직접 실험하고 개발했다.

분양 방식도 획기적이었다. 10~40평대 도시형 한옥을 일시불 외에 연부年賦나 월부를 받고 분양했다. 에누리 없이 거래하는 대신 거래되는 주택가보다 20퍼센트 할인된 가격으로 판매했으며, 주택 구입 자금도 매매가의 60퍼센트까지 건양사가 직접 대출하고 상환 방식을 자유롭게 정할 수 있도록 했다. 주택을 구입한 후에 하자가 발생하면 보수와 비용 또한 모두 건양사가 부담했다. 철저한 소비자 중심의 사업 방식으로 건양사는 사람들의 신뢰와 인기를 얻으면서 빠르게 성장했다.[9]

건양사는 신문광고를 통해 분양을 알리고 중개인 없이 직거래를 했다. 그 덕에 집을 사는 사람은 따로 중개료를 낼 필요가 없었지만, 중개료로 먹고사는 집주릅에게는 타격이 컸다. 그래서인지 건양사가 전성기를 누릴 때 복덕방의 전성기는 지나고 있었다.

예전에 비해 수입이 확 줄어든 집주릅들은 건양사를 염두에 두고 큰 회사일수록 나눠 먹을 콩고물이 없다는 둥, 이제 복덕방은 한물갔다는 둥 한숨을 푹푹 내쉬었다. 그러나 서 참위의 생각은 달랐다. 건양사의 직거래로 복덕방 수입이 줄었다면 다른 대안을 찾아보면 되었다. 모름지기 사업이나 산업은 전성기와 후퇴기가 있기 마련, 전성기에는 수확하고 후퇴기에는 다음 파도를 타면 된다고 생각했다. 그래야 변화가 있고 발전이 있는 법이니까. 서 참위는 이참에 건양사 같은 큰 회사가 할 수 없는 틈새시장을 찾아보기로 했다.

안성댁이 새로 이사 간 집은 35평 대지에 18평 규모로 지은 한옥이었다. 마당을 가운데에 두고 ㄱ자나 ㄷ자 모양으로 둘러싼 여느 한옥과 달리, 한옥이 대지 가운데에 있어서 사방이 외부 공간이었다. 다닥다닥 붙여 지은 한옥단지에 비해 이웃집과 일정한 거리를 유지할 수 있는 배치였다. 덕분에 한옥 주변으로 충분한 공간이 확보되어 채광이나 환기가 더 좋아졌다. 서쪽에 있는 현관을 통해 실내로 들어서면 거실로 사용하는 대청이 나오는데, 대청을 기준으로 남쪽에 사랑방, 서재, 안방이 있어서 모든 방이 밝았다. 대청 북쪽에는 물을 사용하는 주방, 욕실과 변소를 두었다. 관철동 집보다 방이 하나 더 있는데다 높게 지은 팔작지붕 아래에 다락방까지 따로 만들어 좁은 대지에서 최대한의 공간을 확보했다. 일반적인 중정식 도시형 한옥과 달리 안성댁의 한옥은 정세권이 실험적으로 만든 '중당식 건양주택'이었다.[10]

새 집은 안성댁 마음에 꼭 들었다. 서 참위의 말대로 주변이 어수선하고 오래된 관철동 집에 비하면 조용하고 밝았다. 세상 사람들이 말하는 '스위트홈'이 따로 없을 듯싶었다. 더 좋은 것은 민 주사의 다동 집에서 더 멀어졌다는 것이었다. 아닌 게 아니라 몸이 약한 민 주사가 다동에서 계동으로 오는 횟수가 점점 줄어들었다. 안성댁은 집 문서를 손에 넣고 난 뒤로 민 주사의 발걸음이 뜸해져도 불안하지 않았다. 오히려 이때가 기회다 싶어 더욱 용감무쌍하게 전문학교 학생과 밀회를 즐기며 팔자 고칠 작업에 몰두했다.

"내년 봄에 졸업하면 같이 살 방법을 찾아보자. 이제 이 집도 어엿한 내 집이니 언제든 민 주사와 갈라서도 돼. 그리고 하늘에 맹세코 배 안에 있는 아이는 당신 씨야."

그러나 안성댁의 계산은 틀렸다. 뛰는 놈 위에 나는 놈 있다고, 안성댁이 뛰는 놈이라면 전문학교 학생은 나는 놈이었다. 전문학교 학생이 안성댁을 만나는 목적은 적당히 즐기면서 용돈이나 얻어 쓰기 위해서였다. 그에게는 안성댁보다 더 젊고 더 예쁜 여학생 애인이 있었다. 민 주사도 마찬가지였다. 안성댁의 계동 집에 뜸했던 것은 그때 안성댁보다 여섯 살 어린 열아홉 살 기생에게 빠져 있었기 때문이다. 알고 보면 헛똑똑이는 안성댁인지도 몰랐다.

행랑채 사람들

"자네들, 김 첨지라고 알지? 왜 한약국 집에서 행랑살이하다가 동소문으로 이사 간 김 첨지 말일세. 그 사람, 얼마 전 졸지에 초상을 치렀다더군."

오며가며 복덕방에 모인 영감들 사이로 사람 좋게 생긴 박희완이 김 첨지 이야기를 꺼냈다.

김 첨지는 원래 농사꾼이었다. 토지조사사업으로 고향 땅을 잃고 소작농이 되었는데 악질 지주의 횡포에 시달리다 소작까지 떼이자 경성으로 왔다. 평생 농사 말고 배운 것 없는 사람들이 빈털터리로 경성에 오면 당장 급한 것이 집이었다. 다행히 김 첨지는 행랑살이를 구했다. 행랑살이는 남의 집 행랑방 한 칸에 살면서 주인집 살림을 도와주고 월급을 받는 일이었다. 과거 머슴이나 노비처럼 예속적인 신분은 아니지만 주인에 대해 을의 위치에 있긴 마찬가지였다. 대문 옆에 벌려 지은 행랑채는 예전에 머슴과 노비의 공간이었다. 행랑채에는 청지기나 머슴들이 기거하는 행랑방, 외양간, 각종 창고가 있었다. 세상이 변해 노비제가 폐지된 뒤 행랑방은 셋방이나 행랑살이로 활용되었다. 도시형 한옥도 대문간에 방을 한두 칸 정도 만들어 가족이 사용하거나 세를 놓거나 행랑살이를 들였다.

행랑채는 주택 경계선에 있었기 때문에 폐쇄적인 환경이었다. 길가에 면해 있어서 지나가는 사람들의 말소리, 발소리가 훤히 들렸고 외벽에 창문을 뚫어도 손바닥만했다. 안채가 남향이라면 행랑채는 남향으로 등을 돌리고 앉은 꼴이었다. 그래서 행랑채는 대개 어둡고 춥고 답답했다. 주택 전체 배치에서 바람막이 역할을 하면서도 가장 대접을 받지 못하는 행랑채는 그곳에 사는 사람들의 처지와 닮았다.

행랑살이는 부부 둘 다 하는 경우도 있고, 남편은 밖에서 따로 돈을 벌고 아내만 안살림을 돕는 경우도 있었다. 김 첨지가 구한 것은 안팎 행랑살이였다. 김 첨지는 주인집과 한약국을 오가며 온갖 허드렛일을 했고, 김 첨지의 아내는 안살림을 도왔다. 두 사람이 주인집 일을 하는 동안 어린 딸은 하루 종일 어둡고 더러운 행랑방에서 혼

건축, 근대소설을 거닐다

자 울고 웃고 중얼거리다가 잠들었다.

행랑살이 월급으로 김 첨지네는 5원을 받았다. 간호부의 월급이 33~70원, 여교사는 30~60원, 여사무원은 30~50원, 유치원 보모는 10~50원, 여점원은 15~40원, 여공은 6~25원이었으니,[11] 행랑살이 월급이 적긴 적었다. 그러나 김 첨지처럼 도시에 막 이주한 하층민이나 방세조차 없는 사람들에게 행랑살이는 주거 문제와 품팔이를 동시에 해결할 수 있는 대안이었다.

김 첨지의 소박한 행운은 오래가지 않았다. 추운 겨울이 되어 어린 딸이 감기에 걸린 듯 아프더니 이내 위중한 상태가 되었다. 명색이 주인집이 한약국을 하는데도 약 한 첩 써보지 못하고 딸은 죽고 말았다. 전염병으로 죽거나 무연고자, 아이들을 묻던 애오개에 딸을 묻고 온 날, 김 첨지는 주인이 애지중지하던 개를 보았다. 햇볕 잘 드는 안마당에서 쌀밥을 만 고깃국을 먹고 있는 개는 살이 포동포동하고 털은 반지르르 기름기가 흘렀다. 순간 김 첨지는 고개를 돌려 행랑방을 쳐다보았다. 그곳에서 김 첨지 가족은 조밥도 제대로 못 먹고 땔나무도 없이 오들오들 떨며 지냈고, 어린 딸은 햇볕도 보지 못한 채 얼굴에 허옇게 버짐이 피고 갈빗대가 보이도록 바싹 말라갔다.

'우리가 개만도 못하단 말인가?'

갑자기 김 첨지는 펄펄 끓는 분노에 휩싸였다. 충혈된 눈으로 개를 집어삼킬 듯 노려보다가 광으로 뛰어가 뭔가를 허겁지겁 찾기 시작했다. 퍼뜩 감이 온 아내는 소스라치게 놀라며 남편을 뒤따라가 손목을 붙잡고 눈물을 쏟아냈다.

"낫 없어요. 여기는 고향이 아니고….'

얼마 후 김 첨지네는 쫓겨났다. 집주인 말로는 시골에서 학업 때문에 상경하는 조카가 쓸 방이 필요하다고 했지만, 진짜 이유는 따로 있었다. 집주인 남자는 자신의 집에서 사람이 죽었다며 재수 없어했고, 집주인 여자는 김 첨지 아내가 아이를 잃고 나서 반쯤 넋나간 모양으로 일하는 게 못마땅했다.

김 첨지는 방세가 싼 곳을 찾아 동소문 근처로 갔고, 거기서 행랑방 한 칸을 얻었다. 행랑채에는 모두 네 가구가 세 들어 있었는데, 김 첨지처럼 도심에서 살다가 주변부로 밀려난 사람들이었다. 세를 놓으려고 칸살이 작은 한 칸짜리 행랑방 네 개를 두었는데 그 끝에 변소를 붙였다. 미닫이 방문 앞에는 좁다란 툇마루가 있었다. 그 밑이 아궁이인데 거기에 솥을 걸어놓고 부엌으로 썼다. 안채와 행랑채를 짓고 남은 마당은 좁았는데 그나마 주인집 장독대가 차지하고 있어서 더 좁아 보였다. 방 한 칸에 못해도 서너 식구에다 주인집 식구까지 있으니 아침이면 변소 가는 사람과 세수하는 사람으로 집 전체가 부산스러웠다.[12]

김 첨지는 방세를 아끼려고 주인집에 물을 길어다주고 한 달에 1원씩 냈다. 죽은 사람은 죽어도 산 사람은 산다고, 얼마 후 아들이 태어났고 김 첨지는 인력거꾼이 되었다.

눈이 올 듯 말 듯하다가 비만 추적추적 내리던 날이었다. 근 열흘

동안 손님이 없던 김 첨지에게 어쩐 일로 손님이 계속 이어졌다. 아침 댓바람부터 앞집 마나님을 전찻길까지 태워주고나자마자 양복쟁이 교원이 나타나 남학교로 달렸다. 남학교 앞에서는 방학을 맞은 남학생이 고향에 간다며 경성역으로 가자고 했다.

'경성역까지나?'

김 첨지는 그날따라 꼬리에 꼬리를 무는 행운에 살짝 겁이 났다. 오늘만은 나가지 말라며 애걸하던 아내의 얼굴이 떠올랐다. 그러나 경성역이라면 1원 50전을 벌 수 있었다. 한 달 방세보다 많은 금액이 흥정되자 김 첨지는 곧바로 학생을 태우고 나는 듯이 달렸다.

이윽고 김 첨지는 자기 집이 가까워지면서 갑자기 다리가 무거워졌다. 아픈 아내의 움푹 들어간 눈, 어린 아들의 울음소리와 딸꾹딸꾹 숨 모으는 소리가 환청처럼 들렸다. 그 바람에 김 첨지는 길 한복판에 엉거주춤 멈춰 섰다. 그러나 이내 인력거 안에서 재촉하는 소리가 들렸고, 정신이 번쩍, 또다시 달음질을 시작했다. 집이 점점 멀어지자 김 첨지의 발은 다시 나는 듯 빨라졌고 머릿속을 맴도는 근심과 걱정도 날아가버렸다.

김 첨지는 비를 맞아가며 질퍽거리는 길을 달려 경성역에 도착했다. 꿈만 같은 1원 50전을 받았지만, 그 기쁨도 잠시, 빗속에서 한기와 배고픔과 피로에 젖은 몸으로 빈 인력거를 털털 끌고 돌아갈 일이 아득했다. 그런데 또 운 좋게 인사동까지 가는 손님이 생겼다.

어느새 날은 어두워져 김 첨지가 일을 마치고 집으로 돌아가는데 알 수 없는 불안감에 휩싸였다. 기적 같은 돈벌이를 한 기분을 좀더 만끽하고 싶은 듯, 뭔지 모를 눈앞의 불행을 좀더 미뤄두고 싶은 듯, 김 첨지는 날 좀 잡아줄 사람이 없나 하고 주변을 두리번거렸다.

그때 마침 길가 선술집에서 친구 치삼이가 나왔다. 김 첨지는 은인이라도 만난 듯 치삼이를 반가워하며 함께 선술집으로 들어갔다. 훈훈하고 뜨뜻한 선술집에 앉아 주린 창자에 술을 들이붓자 금방 취기가 올라왔다. 그날 김 첨지의 술주정은 대단했다. 횡설수설하다가 웃다가 화내다가 훌쩍훌쩍 울더니 기어이 오늘 아내가 죽었다고 말했다. 깜짝 놀란 치삼이가 그게 사실이냐고 되묻자 김 첨지는 또 아니라며 손뼉을 치고 웃다가 소리를 지르고… 그러다 술자리에서 일어났다.

선술집 밖은 추적추적 굿은비가 내리고 있었다. 김 첨지는 취중에도 아내가 먹고 싶다던 설렁탕을 샀다. 대문 안에 들어서자 무시무시한 정적이 달려들었다. 김 첨지는 일부러 고래고래 고함을 치며 행랑방 문을 거세게 열었다. 갈대를 엮어 방바닥에 깐 자리 밑에서 술술 올라오는 먼지 냄새, 빨지 않은 기저귀에서 나는 똥 냄새와 오줌 냄새, 때에 전 옷 냄새, 병자의 땀 썩은 냄새에 송장 썩는 냄새가 코를 찔렀다.

냄새보다 더 지독한 것은 적막이었다. 김 첨지는 그 섬뜩함을 물리치려고 목청껏 욕을 퍼부으며 방바닥에 누워 있는 아내의 다리를 세게 걷어찼다.

건축, 근대소설을 거닐다

툭.

발길에 차이는 느낌은 사람의 살이 아니라 나뭇등걸이었다. 그때 아들 개똥이가 물고 있던 어미의 빈 젖을 빼며 울어대기 시작했다. 울긴 우는데 얼굴만 찡그려 울 뿐 목이 잠겨 바람 빠지는 소리만 났다. 김 첨지는 아내의 까치집 같은 머리를 잡고 흔들었다.

"말을 해, 말을 하라니까?" 하고 재촉하다가 닭똥 같은 눈물을 아내 얼굴에 쏟아냈다. 그러고는 미친 듯이 제 얼굴을 아내 얼굴에 비비며 중얼거렸다.

"설렁탕을 사다놓았는데 왜 먹지를 못하니, 왜 먹지를 못하니…. 괴상하게도 오늘은 운수가 좋더니만…."

박희완이 김 첨지 이야기를 끝맺자 복덕방은 쥐죽은 듯 조용해졌다. 하나같이 먹먹해져 누구 하나 말을 꺼내지 못했다. 긴 침묵을 깬 것은 안 초시의 새된 목소리였다. 안 초시는 다분히 자신의 감정을 실어 돈 없으면 사람 팔자 개만도 못하다며 입에 거품을 물었다. 박희완은 죽은 사람보다 산 사람 걱정을 했다. 다른 사람들도 안 초시와 박희완 편에 서서 한마디씩 보태거나 따로 얻어들은 소식을 전해주었다. 한약국 집에서 김 첨지에게 행랑살이 월급을 꼬박꼬박 주었더라면, 월급을 제때 못 주면 먹을거리나 땔감이라도 제대로 나눠주었더라면, 도대체 집주인은 개에게 뽀얀 고깃국을 먹이면서 뼈와 살 가죽만 남은 김 첨지네 식구들을 보며 무슨 생각을 했을까, 김 첨지

아내가 중병에 걸린 것은 너무 굶은 상태에서 채 익지도 않은 조밥을 급하게 먹다가 탈이 났기 때문이라는 둥, 그러니 아파서 죽은 게 아니라 굶어서 죽은 것이라는 둥…. 다들 말은 많았지만 결론은 하나, 이 모든 게 가난 때문이라는 거였다.

"그럼, 어떻게 하면 가난에서 벗어날까?"

누군가 질문을 던졌다. 복덕방은 다시 어수선해졌다. 여기저기서 내뱉는 말의 모양새는 달랐지만 내용은 같았다. 배워야 산다고. 많이 배우면 번듯한 직장을 가질 수 있으니 가난에서 벗어날 수 있다고. 사람들이 교육에 희망을 거는 것은 3·1운동 이후부터 불었던 교육 열풍의 효과였다. 그때 신문과 잡지에서 민족 지사들은 앞다투어 말했다.

"배워라, 글을 배워라. 지식만 있으면 누구나 양반이 되고 잘살 수 있다."

그래서 백정의 자식도 공부를 했다.

"가르쳐라, 논밭을 팔고 집을 팔아서라도 가르쳐라. 그나마도 못하면 고학이라도 해야 한다."

그래서 고학생이 많이 생겼고 사람들은 그들을 대견하게 여겼다.

"야학을 설치해라."

그래서 정식 학교에 다니지 못하는 사람도 야학이나 강습소에서 배울 수 있었다.

"공자 왈 맹자 왈은 이미 시대가 지났다. 상투를 깎고 신학문을 배워라.”

　그렇게 신학문을 배운 사람들은 면서기, 순사, 군청 고원, 은행원, 회사원, 교사, 목사, 신문기자, 의사, 변호사 같은 새로운 직업을 갖게 되었다. 그러나 선택된 사람은 소수에 불과했다. 먹고살기 위해 경성으로 몰려든 사람들이 주택난에 시달렸듯, 좀더 나은 삶을 살기 위해 고등교육을 받은 젊은이들은 취업난에 직면했다. 수요와 공급의 불균형이라고 할까. 조선의 취업시장은 그만한 고등교육을 받은 사람들을 다 흡수할 만큼 크지 않았다. 조선인에 대한 일본의 차별도 심했고 세계적인 경제공황도 영향을 미쳤다. 지방 출신에 고학으로 공부한 사람은 경성에서 주택난과 취업난을 동시에 겪었다.

　‘과연 교육이 답인가. 개인적인 노력만이 해결책인가. 혹시 누군가가 짜놓은 논리에 우리 모두 속고 있는 것은 아닌가.’

　서 참위는 사람들의 설왕설래를 들으며 슬쩍 반발심이 일어났다. 얼마 전 복덕방을 찾아온 박준구라는 청년을 보면 교육은 희망이 아니라 배신의 상징이었다.

　서 참위가 보기에 박준구는 한눈에 봐도 많이 배운 티가 났다. 아니나 다를까 동경 유학까지 갔다 왔단다. 경성에서 혼자 객지 생활을 하는 남자 인텔리들은 대개 하숙방을 구하는데, 박준구는 굳이 사글셋방을 얻으려 했다. 그것도 아주 싼 방으로 말이다.

　서 참위는 금세 박준구의 형편을 알아챘다. 집안은 가난하고 공부는 고학으로 했는데 직업이 없다는 것을. 서 참위 주변만 둘러봐도 대학이나 전문학교 졸업장을 가진 실업자들이 널려 있었다. 취직도 있는 집 자식이나 하는 것이고 인맥이 없으면 그나마 기회도 없는 것이 현실이었다. 서 참위는 박준구를 보며 중학교 졸업반인 둘째아들을 생각했다. 도무지 남의 일 같지 않았던 것이다.

싼 게 비지떡이라고 했다. 서 참위는 전차와 버스 정류장에서 멀리 떨어진 삼청동을 생각했다. 삼청동과 원서동처럼 일찍이 자연발생적으로 형성된 주거지는 가지 모양의 막다른 도로와 초가집이 많았다. 그런데 얼마 전부터 그곳에도 도시형 한옥이 들어서더니 세를 놓기 시작했다. 마침 삼청동 꼭대기에 행랑방을 세놓은 집이 있어서 박준구를 데리고 갔다. 안성댁의 계동 집과 달리 싸게 지은 도시형 한옥이었다. 폭이 좁은 골목길 끝에 자리 잡은 한옥의 대문 옆으로 방 두 개가 있었다. 두 방 사이의 벽은 제대로 된 벽이 아니라 얇은 빈지에 종이를 바른 것이었다. 원래 하나였던 방을 세놓을 욕심으로 두 개로 개조한 티가 났다. 저 정도면 옆방에서 소곤거리는 소리마저 고스란히 들릴 테고, 골목에서 들려오는 소음까지 합치면 방 안에 있어도 도무지 안정감이라곤 없을 듯싶었다. 방은 햇볕이 들지 않아 어두웠고 습기가 많아 여기저기 곰팡이가 슬어 있었다.

집 안에는 수도가 없었다. 물은 아침에 물지게 장수에게 사거나 마을 우물에서 구해야 했다. 가끔 우물에 두레박이 없곤 해서 물을 사 먹는 게 안전했지만 그러려면 돈이 들었다. 둘 다 싫으면 삼청동 계곡물을 받아오면 되었다. 그런데 만일 밤늦게 술이라도 마시고 와

서 갈증이 심한데 물이 없다면? 물지게 장수가 올 시간은 멀었고 마을 우물에는 두레박이 없고 캄캄한 밤중에 계곡까지 갈 수도 없다면? 집주인 노파는 안채에 따로 안대문을 달아두어 물을 얻기 힘들었다. 이만하면 충분히 불편한 집이었다. 접근성도 떨어지고 위생과 소음 문제도 있으니 방세가 쌀 수밖에.

박준구는 꽤 다급했는지 방세만 보고 그날 당장 이사를 했다. 서 참위의 짐작대로 박준구는 계속 직장을 구하려고 여기저기 알아보고 연줄을 대봤지만 좀처럼 자리가 나지 않았다. 그러는 사이에 방세와 전기세가 두 달 치나 밀렸다. 박준구는 방세가 밀리자 마음이 바짝바짝 졸아들었다. 몇 끼씩 굶다가 날이 좀 따뜻해지자 겨울 외투를 전당포에 잡혔다. 그 돈으로 밀린 방세와 전기세를 다 갚으려 했지만 당장 먹을 밥값은 남겨놓아야 했다. 박준구는 사는 게 구질구질하게 느껴졌다. 그때마다 어느새 습관이 된 후회가 밀려왔다.

'이럴 거면 공부는 왜 했던가. 차라리 그 시간에 기술이라도 배웠더라면…'

그 와중에 고향에서 형이 편지를 보내왔다. 편지 내용은 박준구의 어린 아들을 경성으로 보낼 테니 공부를 시키라는 것. 박준구는 관습대로 열네 살 때 고향에서 얼굴도 모르는 여자와 혼인을 했다. 아내와는 데면데면하는 형식적인 관계였지만 그래도 아들 하나를 두었다. 박준구는 아내와 아들을 고향에 남겨둔 채 혼자 경성과 동경을 떠돌면서 신여성과 연애를 하고 기생과 죽을 둥 살 둥 하기도 했다. 서류상의 존재, 남남처럼 지내던 아내와는 결국 몇 년 전 이혼을 했다. 그때 아내는 어린 아들을 자신이 키우며 공부시키겠다고 애원했지만, 박준구는 키울 형편도 되지 않으면서 괜한 자존심에 아들을 내주지 않았다.

박준구는 아내에게서 빼앗은 아들을 시골에 사는 형에게 맡겼다. 그 아들이 작년 보통학교에 입학했는데 형도 워낙 가난한 처지라 얼마 못 가 학교를 그만두었다. 그 뒤로 형은 박준구에게 집안 체면과 아이 장래를 위해서라도 경성에 데려가 공부를 시키라며 닦달을 했다. 그때마다 박준구는 공부 따위는 소용없으니 차라리 고향에서 어릴 때부터 노동을 시키는 게 낫다고 주장했다. 이번에 형이 보낸 편지는 곧 아들을 경성으로 올려보내겠다는 최후통첩이었다.

'시골에서 노동을 시키라고 그렇게 말했는데, 공부라니. 공부를 해서 뭘 한단 말입니까. 실업자밖에 더 되겠습니까? 내 꼴을 보세요. 팔리지 않는 기성품, 초상집의 주인 없는 개가 아닙니까.'

박준구는 형이 원망스러웠다. 아들이 상경할 날을 꼽아보니 마음도 돈도 급했다. 초라한 행랑방을 휙 둘러본 다음 자신보다 처지가 좀 나은 친구들을 만나러 하숙집으로 갔다. 하지만 그들도 실업자 신세는 마찬가지. 이미 하숙비가 석 달 이상 밀려 있었다. 하숙집을 빠져나와 터덜터덜 맥없이 걷고 있는데, 그날따라 하천변과 다리 밑에 널려 있는 움막이 눈에 들어왔다.

경성에는 행랑살이나 셋방조차 구하지 못한 빈민들이 수두룩했다. 그들은 날품팔이, 공사장 막일꾼, 행상으로 연명하며 시내와 교외를 가리지 않고 제방, 하천변, 다리 밑, 산림의 공한지, 관유지, 사유지에 움막이나 토막을 짓고 집단으로 거주했다. 움막은 풀이나 짚으로 지붕을 이어 조그맣게 지은 것이고, 토막은 땅을 파고 위에 거적을 얹은 다음 흙을 덮어 추위나 비바람만 가릴 정도의 집이었다.

토막민에 관한 기사는 신문이나 잡지에 심심찮게 나왔다. 상왕십리에 사는 어느 할머니는 반쯤 쓰러진 컴컴한 토막에서 열다섯 살 손자와 단둘이 살았다. 살림살이라곤 귀 떨어진 항아리 한 개, 쭈그러진 양철 대야 한 개, 석유 한 상자였다. 다 팔아도 오십 전이 못 된다고 했다. 그런 곳에서 할머니는 양철 쓰레기통을 줍는 손자와 실낱같은 목숨을 이어간다고 했던가.[13]

박준구는 상왕십리 할머니와 손자가 마치 자신과 아들의 미래라도 되는 양 소름이 돋았다. 두려움을 떨쳐내기 위해 미친 듯 머리를 흔들어댔다. 지나가는 사람들은 그런 박준구를 이상한 사람 취급하며 피해갔다.

콧등 위로 빗방울이 떨어졌다. 박준구의 시선은 다리 밑 움막을 향했다. 장마철이 되면 다리 밑에 있는 움막들은 불어난 물에 통째로 쓸려가기 일쑤였다. 움막에서 흘러나온 밥통이며 냄비며 누더기 보통이도 둥둥 떠내려갔고, 움막에서 겨우 나온 사람들은 부랴부랴 남의 집 처마 밑에 붙어 달달 떨곤 했다. 그 풍경이 박준구의 머릿속에 그려졌다. 공포였다. 박준구는 다시 머리를 마구 흔들어댔다.

'방세도 몇 달째 밀려 있는데 애까지 데려오면 행랑방에서 쫓겨나지 않을까? 쫓겨나면 어디로 간단 말인가? 도성 밖에도 한옥을 많이 짓던데 그곳 행랑방이 삼청동보다는 싸겠지? 어쩌면 빈 집이 있을지도….'

도시형 한옥은 1930년대 중반까지 가회동, 소격동, 효자동, 옥천동, 혜화동 등 도심부 위주로 개발되었다. 그런데 1930년대 후반이 되면서는 경성 주변부인 삼선동, 동선동, 안암동, 보문동 일대에 북촌보다 더 큰 한옥단지가 건설되었다. 도심부와 주변부의 한옥단지는 차이가 있었다. 도심부는 이전의 필지 구획을 기반으로 개발되어 주변 환경과 잘 어울렸다. 한옥은 경사진 대지를 따라 자연스럽게 배치되었고, 새로 만든 골목길은 기존의 길 체계와 잘 연계되었다.

반면 주변부 한옥단지는 토지구획정리사업으로 조성된 격자형 가로체계에 맞춰 건설되었다. 자로 잰 듯 분할된 대지 위에 대단위 한옥단지가 네모반듯하게 배치되었다. 전통적인 주거지의 자연스러운 분위기와는 너무 달랐다. 북촌에 비하면 공장에서 찍어낸 시멘트블록처럼 삭막한 분위기가 풍겼다. 어떤 사람들은 청사진 두서너 장으로 설계한 개척촌이라고도 했다. 그래서 도심부보다 집값이 낮았고, 주로 가족이 단출한 이들이 살았다.

그런데 경성의 주택난을 해소하기 위해 주택지가 개발될수록 토막민은 더 많아졌다. 주변부가 새로운 주택지로 개발되면서 원래 그 지역에 살던 사람들이 쫓겨난 탓이다. 토지구획정리로 농지가 택지로 바뀌면서 소작농들은 땅을 잃었고, 빈민들이 모여 살던 토막촌은 무자비하게 철거되었다. 그렇게 쫓겨난 사람들과 전국 각지에서 온 이농민들로 토막민 수는 기하급수적으로 늘어나 1930년대 말에는 경성 인구의 3퍼센트에 달했다.[14]

후두둑.

빗방울이 제법 굵어졌다. 움막을 바라보는 박준구의 심정은 착잡했다. 작년 여름 장마철에 목격한 장면이 생각났다. 한순간에 불어난 물로 떠내려가는 움막 위에서 살려달라고 외치던 소년…. 불현듯 그 아이의 얼굴 위로 아들의 얼굴이 나타났다 사라졌다. 순간 박준구는 잠에서 깨어난 듯 흠칫 놀라며 스스로에게 다짐하듯 말했다.

"흥! 체면! 공부! 죽어도 인텔리는 안 만든다."

●
1954년 임인식 사진가가 경비행기를 타고 찍은 가회동 항공사진.
북촌 일대의 도시형 한옥단지는 이전의 필지 구획을 기반으로 개발되어
주변 환경과 잘 어울렸다. 한옥은 경사진 대지를 따라 자연스럽게
배치되었고 새로 만든 골목길은 기존 길 체계와 잘 연계되었다.

가회동 도시형 한옥 평면도(가회동 11-17, 1935년).
도시형 한옥은 건축업자가 대형 필지를 사서
작은 필지로 나눈 뒤 골목길을 내고 여러 채의
한옥을 다닥다닥 붙여 짓는 방식이었다.
재래 한옥에 비해 대지가 좁아진 만큼 공간을
효율적으로 사용하기 위해 마당을 대지 가운데에 두고
한옥을 ㄱ자, ㄷ자, ㅁ자 모양으로 놓았다.
그렇게 만든 한옥 안에 과거 안채, 사랑채, 행랑채 등으로
떨어져 있던 공간을 집중적으로 배치했다.

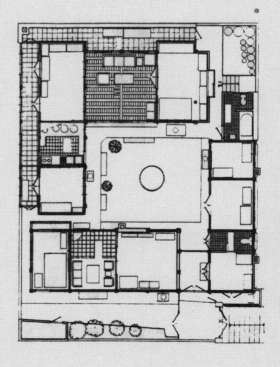

보문동 도시형 한옥(1976년).
1930년대 후반 삼선동, 동선동, 안암동, 보문동 일대에 북촌보다 더 큰
한옥단지가 건설되었다. 주변부 도시형 한옥단지는 토지구획정리사업으로
조성된 격자형 가로체계에 맞춰 자로 잰 듯 분할된 대지 위에
대단위로 네모반듯하게 배치되었다.

보문동 도시형 한옥 평면도.
서민층을 대상으로 한 주변부 도시형 한옥단지는
도심부 북촌 일대의 한옥단지와 달리 공장에서 찍어낸
시멘트블록처럼 삭막한 분위기가 나서 어떤 사람들은
청사진 두서너 장으로 설계한 개척촌이라고 평가했다.

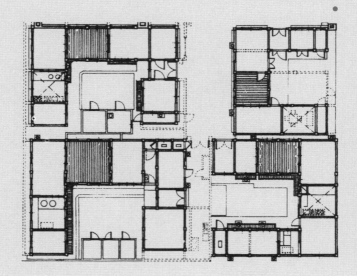

전통 한옥의 행랑채.
대문 옆에 벌려 지은 행랑채는 청지기나 머슴들이 기거하는
공간으로 행랑방, 외양간, 각종 창고가 있었다.
세상이 변해 노비제가 폐지된 뒤 행랑방은 셋방이나 행랑살이로
활용되었다. 도시형 한옥도 대문간에 방을 한두 칸 정도 만들어
가족이 사용하거나 세를 놓거나 행랑살이를 들였다.

경성에는 행랑살이나 셋방조차 구하지 못한 빈민들이
수두룩했다. 그들은 날품팔이, 공사장 막일꾼, 행상으로
연명하며 시내와 교외를 가리지 않고 제방, 하천변, 다리 밑,
산림의 공한지, 관유지, 사유지에 움막이나 토막을
짓고 집단으로 거주했다. 움막은 풀이나 짚으로
지붕을 이어 조그맣게 지은 것이고,
토막은 땅을 파고 위에 거적을 얹은 다음 흙을 덮어
추위나 비바람만 가릴 정도의 집이었다.

2장

문
화
주
택

안 초시의 꿈

안 초시는 바위에 착 달라붙은 물미역이었다. 제 집이 있는데도 밤낮없이 서 참위의 복덕방에 물미역처럼 붙어살았다. 안 초시보다 덜하지만 또 한 명의 물미역은 박희완이었다. 안 초시와 박희완은 서 참위와 한동네에 사는 동년배였다. 서 참위가 손님을 데리고 집을 보러 다니는 동안 안 초시는 화투로 운세를 보고, 박희완은 장차 대서 업을 하겠다며 좀처럼 늘지 않는 일어 공부를 했다.

서 참위가 우락부락하다면 안 초시는 잔망스러웠고 박희완은 수더분했다. 서 참위와 안 초시는 외모와 성격 차이만큼 아웅다웅하기 일쑤였는데 그때마다 박희완이 가운데에서 중재자 노릇을 했다. 서 참위는 안 초시에게 실없는 농지거리를 하는 것이 그렇게 재미있을 수가 없었다. 안 초시는 오그라붙은 듯 왜소한 몸에 손발이 작고 행동거지가 출랑댔다. 눈은 뒤로 움푹 들어가고 뽀로통한 입에서 말끝마다 나오는 소리는 "젠장"이었다.

그런 안 초시에게 장난을 치면 바로 파르르 반응이 나타났으니 서 참위가 재미있을 만했다. 서 참위가 "쫌보"라고 부르면 안 초시는 자신을 업신여긴다며 발끈했다. 서 참위가 장난삼아 발끝으로 화투짝을 밀어 던지면 안 초시는 얼굴이 벌게져서 씩씩대다가 복덕방을 나가버렸다. 그쯤에서 그쳐야 하는데 서 참위는 또 안 초시의 뒤통수에 대고 "저게 계집이면 천생 남의 첩감"이라고 놀려댔다. 뿔이 날 대로 난 안 초시는 한 이틀씩 복덕방에 나타나지 않았다.

안 초시는 왕년에 돈 꽤나 만지며 잘살던 사람이었다. 어쩌다 쫄딱 망해 서 참위에게 술잔이나 얻어 마시고 복덕방에서 잠까지 자는 신세가 되었지만, 아무리 아쉬워도 남의 집 흥정이나 붙이며 사는 서 참위를 부러워한 적은 없었다.

안 초시의 마음속에는 아직 꺼지지 않은 야심이 있었다. 거리마다 쑥쑥 올라가는 고층 건물과 동네마다 늘어나는 그림 같은 문화주택을 볼 때마다 '더 늙기 전에 다시 한 번 떵떵거리며 살아야지' 싶었다. 빌딩까지는 아니더라도 문화주택이라도 갖게 되면 그동안 서 참위에게 당한 설움 따위는 씻은 듯 사라질 것 같았다.

문화주택은 1920년대 초 일본에서 수입된 명칭인데, 신문이나 잡지에 소개된 이상적인 문화주택은 뾰족한 박공지붕에 베란다와 포치가 있는 서양의 방갈로식 주택이었다. 그러나 실생활에서 문화주택은 특정한 정의가 따로 있지 않았다. 좁게는 서양식 2층 단독주택이고, 넓게는 선교사 주택부터 일본인 관사, 조선주택개량안까지 재래 한옥과 다르기만 해도 문화주택이라 불렀다. 대개는 근대적인 설비를 갖춘 서양식 주택을 문화주택이라고 했다.

문화주택은 안채와 사랑채 등 여러 채로 분산된 한옥과 달리 하나의 건물 안에 모든 공간이 집중적으로 배치되었다. 현관을 통해 실내로 들어가면 거실을 중심으로 여러 방이 배치되거나 복도를 통해 각 방들이 연결되었다. 재래 한옥에서처럼 다른 공간으로 가기 위해 신발을 신고 벗는 불편함이 없었다. 구조는 일본식 목구조, 벽돌구조, 콘크리트구조 등 다양했다. 재료는 시멘트기와, 슬레이트, 타일, 화강석, 페인트 등을 사용했다. 입식 부엌이나 수세식 변소, 욕실이나 전기 설비는 전통 한옥에서 보지 못하던 것들이었다.

문화주택은 짓는 과정과 방식도 전통 건축과 달랐다. 집주인이 직접 짓거나 목수가 설계와 시공을 알아서 다 맡는 방식이 아니었다. 건축주, 건축가, 시공자의 역할이 분리되었는데, 특히 건축가는 근대적인 건축 교육을 받은 전문가라는 점에서 큰 차이가 있었다. 그래서 문화주택을 설계한 건축가는 소수의 조선인 건축가를 제외하면 대부분 일본인 건축가였고 시공도 일본 회사가 했다.[1]

문화주택 소비자는 경제력과 권력을 가진 소수의 고위 관료, 신문화에 익숙한 기업가와 자산가들이었다. 그래서 문화주택은 부의 상징이었고, 서구의 근대화를 부러워하고 추구하는 지식인에게는 동경의 대상이었다.

안 초시는 북촌에서 가장 높은 언덕마루에 지은 문화주택을 제일 부러워했다. 도도하게 서 있는 그 집은 북촌 일대의 도시형 한옥단지를 내려다보고 있었다. 그것만으로 문화주택은 잘나가는 도시형 한옥보다 더 끗발이 센 것 같았다. 듣자 하니 역시 집주인은 외국물을 먹은 부유한 조선인이었고 건축가는 일본인이었다. 집도 대단하지만 위치가 고지대인 만큼 전용 도로를 따로 놓고 자동차로 움직이는 생활이 또 얼마나 호화로울까. 최신식·최고급 주택에는 샹들리에, 레코드, 피아노, 라디오, 트럼프, 양주, 당구장 등 온갖 진기한 서양문물로 가득할 터였다.

그런 문화주택은 아무나 짓는 집이 아니었고 아무나 사는 집도 아니었다. 도시형 한옥처럼 대량으로 지어 파는 것이 아니기 때문에 서 참위의 복덕방에는 매물로 나오지도 않았다. 한마디로 서 참위에게는 능력 밖의 집인 셈이다. 그 점이 더 안 초시의 마음에 들었다. 언젠가 번듯한 문화주택을 지어 서 참위의 코를 납작하게 만들어주고 싶었다.

'그런데 그 언젠가가 도대체 언제란 말인가. 당장 돈 만 원이라도 있으면 그걸 굴려서 어떻게…'

욕망이 뜨거울수록 안 초시는 이대로 늙어가는 게 원통했다. 그러던 차에 박희완 영감이 귀가 번쩍 뜨이는 소식을 가져왔다. 장차 황해 연안에 제2의 나진이 생긴다며, 지금은 관청에서만 알고 있고 축항용지는 비밀리에 매수된 상태라는 것. 이는 머지않아 공표한다고 했다. 그것이 사실이라면 한시라도 먼저 덤비는 것이 관건이었다. 나진만 해도 한번 개항된다는 소문이 나자 땅값이 그해에만 백 배 이상으로 올랐고 삼사 년 뒤에는 천 배 이상 오른 땅도 많았다.

안 초시는 드디어 때가 왔음을 직감했다. 물론 수중에 돈은 없었다. 그러나 안 초시에게는 제법 돈을 버는 무용가 딸이 있었다. 안 초시는 십수 년을 상업계에서 놀며 쌓은 입담으로 나진이 어땠고, 황해 연안에 생길 제2의 나진이 어떻고, 일 년 안에 어떻게 최소 오십 배 이상의 순이익을 거둘지 딸에게 자세하게 설명했다. 평소 안 초시를 우습게 아는 딸도 그때만은 솔깃해져서 무용연구소를 신탁회사에 맡기고 돈을 빌리기로 했다. 안 초시는 당장 부자라도 된 것처럼 떨 듯이 기뻤다. 서 참위에게 통쾌하게 복수할 날이 머지않아 보였다.

'서 참위 이놈, 그동안 날 은근히 멸시했겠다. 내 굳이 널 시켜 네 집보다 더 좋은 집을 살 테다. 어디 그뿐이랴. 네 복덕방 바로 코앞에다 그 박길룡이라는, 대단한 부자들이 집이니 회사니 백화점이니 지어달라고 줄을 선다는, 그 박길룡이라는 건축가에게 최고의 문화주택을 짓게 할 테다. 네깟 놈이 천생 가쾌지 별거냐…'

젊은 부부의 피아노

허영세는 일본에서 대학을 졸업하자마자 아내가 죽었다. 어린 나이에 부모가 정해준 아내는 보기만 해도 지긋지긋했다. 이때다 싶어 중등교육을 받은 예쁜 처녀와 신식 결혼을 하고 나니 비로소 살맛이 났다. 얼마 후 엄격하기 짝이 없던 부친마저 세상을 떠나자 허영세는 맏형에게 제 몫의 유산을 받고 재혼한 아내와 경성으로 왔다.

직업이 없어서 시간은 넉넉했고 물려받은 재산이 있어서 걱정이 없었다. 젊은 부부는 아무도 간섭하지 않는 경성에서 그동안 동경해 오던 이상적인 가정을 꾸리기로 했다. 가장 먼저 시작한 것은 문화주택이었다. 당장 경성에 와서 마련한 집이 2층 양옥은 아니었지만, 신문과 잡지에서 본 대로 분위기만큼은 문화주택으로 꾸미기로 했다.

먼저 집 안의 모든 공간을 기능별로 나누어 마루는 응접실, 안방은 침실, 건넌방은 서재, 뜰아랫방은 식당으로 정했다. 가구와 소품은 모두 서양식으로 장만했는데, 응접실에 마호가니 테이블을 놓고 그 주위를 소파로 둘렀다. 응접실 정면 벽에는 커다란 전신 거울이 달린 양복장을 배치하고 양쪽에 화류목으로 만든 장식장을 두었다. 조선 의걸이니 삼층장이니 하는 전통 가구들은 전부 없었다. 식당에서 가장 중요한 것은 위생, 그래서 위생에 해롭다는 놋그릇 대신 사기그릇과 유리그릇만 사다 놓았다. 벽에는 무늬 벽지를 바르고 마루에는 양탄자를 깔았다. 창문에는 레이스가 잔뜩 달린 커튼을, 천장에

건축, 근대소설을 거닐다

는 서양식 전등을 달았다.

식구는 둘뿐이지만 부엌일을 하는 여자아이와 바느질을 하는 침모를 고용했다. 집안일을 할 필요가 없는 아내와 돈벌이를 할 필요가 없는 남편이 집에서 하는 일은 독서, 대화, 화투, 키스, 포옹 그리고 이상적인 가정에 필요한 물건을 사들이는 것이었다.

허영세의 아내는 예리한 관찰력으로 이상적인 가정에 필요한 물건들을 기가 막히게 찾아냈다. 트럼프와 손톱 깎는 집게까지 샀다. 그런데도 뭔가 중요한 것이 빠진 것 같아 항상 허전했는데, 어느 날 잡지를 보다가 눈이 번쩍 뜨였다.

잡지 사진에는 미끈미끈한 시보레 자동차 뒤로 클래식하게 지은 파란 2층 양옥이 있었다. 유리창이 반쯤 열린 방 안에 하늘거리는 보랏빛 커튼 사이로 보이는 것은 흑진주처럼 빛나는 피아노![2]

아내 얼굴에 만족스런 미소가 활짝 피어올랐다. 그날따라 밖에 나간 남편은 왜 이리 안 오는지 속이 탔다. 드디어 남편이 집에 들어오자마자 아내는 자랑스러운 표정으로 득달같이 달려갔다. 무슨 대단한 비밀이라도 새어나갈까 남편 귀에 대고 소곤소곤, 남편도 대단한 발견이라도 한 양 소리를 질러대며 기뻐했다. 남편은 벌써부터 피아노 건반 위를 빠르게 움직이는 아내의 하얀 손이 눈앞에 어른거렸다.

그로부터 두 시간이 못 되어 피아노 한 대가 도착했다. 남편은 응접실에서 상서로운 기운을 뿜어내는 악기를 보며 감탄을 하다가 아내에게 툭 말했다.

"자, 이제 당신 피아노 솜씨 좀 봅시다그려."

순간 아내의 얼굴이 흐려지더니 새빨개졌다.

"당신이 먼저 한번 쳐보셔요."

기어들어가는 아내의 목소리에 이번에는 남편이 서먹서먹했다. 두 사람 사이에 답답한 침묵이 한참 동안 흘렀다.

"그러지 말고 한번 쳐보구려. 그렇게 부끄러워할 거야 무엇 있소?"

남편이 달래듯 말하기를 여러 차례, 마침내 아내는 눈물을 톡 떨어뜨리더니 모기소리로 고백했다.

"나, 칠 줄 몰라요."

그러자 남편은 금방 득의양양한 얼굴로 피아노 앞에 앉았다.

"그럼, 내가 한번 쳐보지."

사실 남편도 피아노를 칠 줄 몰랐다. 그저 건반 위를 아래에서 위로, 위에서 아래로 훑기만 했다. 그 소리를 듣고 아내는 매우 안심이 된 얼굴로 해죽이 웃으며 말했다.

"참 잘 치십니다그려."

젊은 부부의 피아노 이야기는 동네에 소문이 쫙 퍼졌다. 부엌일을 하는 여자아이가 입을 놀린 탓이다. 동네 사람들은 젊은 부부가 나타나면 쉬쉬거리다가 멀찍이 사라지면 뒤통수를 향해 "부인, 피아노 참 잘 치십니다그려"를 흉내 내며 킥킥거렸다. 그러나 비웃음은 부러움의 반증이기도 했다.

젊은이들 사이에서 '이상적인 주택' 스위트홈'의 대명사로서 문화주택에 대한 관심은 뜨거웠다. 누구나 가질 수 있는 것이 아니기에 대중의 욕망은 더욱 과장되어 사회적 문제와 연결되었다. 개점 초기 백화점은 더 많은 사람을 끌어들이려고 문화주택을 경품으로 내놓을 정도였다. 문화주택을 미끼로 사기 결혼을 하거나, 은행 빚으로 문화주택을 지었다가 망한 사람도 많았다.

복덕방에 모인 이들이 젊은 부부에 대해 찧고 까불어대는 동안 서 참위는 예전에 본 적 있는 안석주의 만문만화를 떠올렸다. 안석주는 화가, 시인, 소설가, 극작가, 배우, 영화감독 등 전방위 예술가로 활동했지만, 서 참위에게는 만문만화가로 인상이 깊었다. 그림 한 컷에 짧은 글로 신랄하게 사회현상을 풍자하는 만문만화는 통쾌하고 짜릿했다. 특히 카페나 백화점, 문화주택 등 급변하는 도시의 상징적인 장소를 많이 다루었는데, 그것이 서 참위의 직업상 관심을 끌었다.

서 참위가 기억하는 안석주의 문화주택 만문만화는 두 개였다. 첫번째는 푸른 초원 위에 문화주택이 그려져 있고 그 안에 신혼부부 한 쌍이 목각 원앙새 모양으로 마주 앉아 입을 맞추고 있는 만화였다. 영락없이 신혼부부의 스위트홈을 그린 것 같은데, 눈을 좀더 크게 뜨고 보면 무시무시한 현실을 고발하는 내용이었다. 문화주택 밖에 커다란 은행 건물이 있는데, 그 건물이 뽑아낸 거미줄에 문화주택이 걸려 있었다. 거미줄에는 '대부貸付'라는 글자가 붙어 있었다. 다시 문화주택 안을 자세히 보면 신혼부부가 사람이 아니라 하루살이 모기였다. 그 한 컷 만화에 안석주가 덧붙인 글은 이랬다.

"쥐뿔도 없는 조선 사람들이 은행 빚을 얻어 문화주택을 짓고 스위트홈이라고 좋아한다. 그러나 몇 달 못 가 빚만 남고 스위트홈은 외국인에게 넘어가고 조선 사람은 하루살이 꼴로 사라진다. 그러니 우리에게 문화주택文化住宅은 모기가 질병을 옮기듯 재앙을 가져오는 문화주택蚊禍住宅이 아닌가!"3

두 번째 만문만화는 높다란 나무 꼭대기마다 양옥이 한 채씩 있고 그 안에 남녀 한 쌍을 그려 부유층 자식들 사이에 한창 유행하던 문화주택 현상을 풍자했다. 실력이 없는데도 부모 덕에 외국 유학을 가서 대충 시간만 때우거나 유흥가를 돌아다니다가 귀국한 부잣집 자식들, 굳이 외국물 먹은 티를 내고 싶어서 결혼 상대는 영어 알파벳 정도는 깨우친 여자여야 하고 신혼집은 당연히 문화주택이라며 떠들어대는 그들, 그러나 정작 문화적 안목이 없어서 문화주택을 지어봤자 돈만 처들일 뿐 서양 외양간 같이 지어도 2층집이면 좋다고 한다는 내용이었다. 안석주는 그들을 향해 이렇게 딱 잘라 말했다.

"차라리 높은 나무 위에 원시주택을 지어놓고 스위트홈이라고 부르며 새똥이나 곱게 싸라!"4

참으로 시원한 냉소였다. 서 참위는 갑자기 떠오른 만문만화에 혼자 껄껄 웃었다. 영문을 모르는 이들은 평소에도 둔한 서 참위가 이번에도 젊은 부부 이야기에 한 발 늦게 반응한다고 생각했다.

어제가 오늘 같고 오늘이 내일 같은 사람들에게 낯선 이웃의 험담은 즐거운 소일거리였다. 그들은 이왕 이야기가 나온 김에 젊은 부부의 희한한 이야기를 좀더 재미있게 부풀려 계속 이어나갔다.

'돈 많은 부모 덕에 일본 유학까지 갔다 오고, 예쁘장한 신여성과 결혼도 하고, 입만 열면 문화주택을 떠드는 사람이라니…. 어, 그것은 바로 두 번째 만문만화 주인공이 아닌가.'

서 참위는 비로소 젊은 부부의 이야기가 바짝 가까이 들렸다. 허영기 많은 젊은 부부가 칠 줄도 모르는 피아노를 사놓고 서로 먼저 치라고 말하며 속으로 가슴 졸였을 장면을 생각하자 폭소가 터져 나왔다. 그 모습에 안 초시는 절호의 기회를 잡았다는 듯 사람들을 향해 "저러니 덩치만큼 미련하다"며 촉새 같은 입을 놀렸다.

신문이나 잡지에 실린 풍자가 아니더라도 실생활에서 문화주택은 조선인에게 아직 적응이 되지 않는 부분이 있었다. 눈과 머리는 서양식 문화주택을 이상적으로 인식하는데 몸은 그 이상을 따라가지 못했다. 몸과 정서가 본능적으로 기억하는 한옥 특유의 맛이 있었던 걸까. 처음에는 문화주택을 근사하게 지어놓고 나중에는 인근에 한옥을 올려 사는 경우도 종종 있었다.

한국 최초의 근대건축가 박길룡의 지인이 그랬다. 해외 유학을 마치고 온 지인은 유행을 좇아서가 아니라 생활 개선을 위해 문화주택을 지었다. 건평 50평에 벽돌로 지은 2층 양옥이었다. 1층에는 거실, 식당, 주방, 서재를 두고, 2층에는 침실 세 개 외에 욕실과 변소와 세면실을 따로 만들었다. 2년 뒤 지인은 문화주택을 비워둔 채 그 옆에 한옥을 새로 지어 살았다.[5]

광산왕으로 유명한 최창학은 서양 고전주의 양식으로 초호화 대저택을 지었다. 죽첨정 1정목에 있다고 해서 죽첨장(지금의 경교장. 해방 후 반민특위에 회부된 최창학은 친일 경력을 무마하기 위해 백범 김구에게 죽첨장을 헌납했다. 백범은 일본 정치인의 이름에서 비롯된 죽첨장 대신 인근 다리 이름을 따서 '경교장'이라 불렀다)으로 통했던 대저택은 조선총독부 건축기술자 김세연이 설계하고 일본 건설회사 오바야시구미大林組가 시공을 맡았다. 지하 1층, 지상 2층 규모에 당시 가장 비쌌던 철근콘크리트구조였다. 형태는 1층 포치 좌우에 돌출된 원형창과 2층 중앙에 아치창이 있는 좌우대칭형 건물이었다. 1층은 가운데 홀을 중심으로 샹들리에와 벽난로가 있는 응접실, 선룸, 당구실과 식당 등 손님 접대용 공간으로 배치했다. 서양식 홀형 평면인 1층과 달리 2층과 지하 1층은 일본의 속복도형 실내 공간을 따라서 가운데에 복도를 두고 서재와 다다미방 등 개인 공간을 배치했다. 그런데 정작 최창학이 실제로 살았던 곳은 서양식 초호화 대저택이 아니라 바로 뒤편에 지은 한옥이었다. 오랜 세월 몸에 각인된 생활 방식은 유행이나 대세보다 더 끈질겼던 것이다.

그럼, 건축가 박길룡은 왜 지인의 이야기를 소개했던 것일까. 문화주택이라고 하면 맹목적으로 서양식이나 일본식 주택을 모방하는 세태를 비판하기 위해서였다. 박길룡은 조선의 기후와 조선인의 정서에 맞는 문화주택이 필요하다고 생각했다. 박길룡만이 아니라 다른 조선인 건축가들도 근대적 주택개량안을 내놓았는데 대개 서양식,

일본식, 조선식을 절충한 것이었다. 외관은 서양식 2층집을 연상시키고, 현관과 복도를 연결하는 평면은 일본식 속복도형 평면을 닮았으며, 온돌을 혼용하고 마당을 에워싸는 평면은 전통 한옥에 바탕을 둔 것이었다. 온돌은 재래 온돌의 문제점을 개량한 온돌을 사용했고, 2층에는 온돌 대신 페치카와 스토브를 설치했다.

사람이든 사물이든 변화에 적응 과정이 필요하듯 문화주택도 그랬다. 일본에서 문화주택이 막 들어온 초창기에는 순서양식 주택이 모델이었다. 차츰 일본인 건축가들이 경성에 문화주택을 지으면서 서양식과 일본식이 절충된 문화주택이 많아졌다. 조선인 건축가들이 활동하면서부터는 조선인의 생활 방식을 반영한 서양식, 일본식, 조선식을 절충한 문화주택이 나온 것이다.

어찌 보면 칠 줄도 모르는 피아노를 사들여 문화인 행세를 하고 싶었던 허영세 부부도 그들 나름대로 절충식 문화주택을 꾸민 셈이었다. 최신 도시형 한옥의 실내 공간을 서양식으로 바꾸면서도 끝까지 바꾸지 못했던 것이 있었는데, 추운 날 몸이 으슬으슬할 때 본능적으로 등을 대고 눕고 싶은 온돌방이었다.

가회동 도시형 한옥에서 바라본 이준구 가옥(2018년).
북촌은 도시형 한옥만 있던 곳이 아니었다.
한옥단지가 내려다보이는 고지대에
상류층의 서양식 문화주택도 여럿 있었다.
문화주택은 1920년대 초 일본에서 수입된 명칭인데,
신문이나 잡지에 소개된 이상적인 문화주택은
뾰족한 박공지붕에 베란다와 포치가 있는 서양의 방갈로식
주택이었다. 그러나 실생활에서 문화주택은 특정한 정의가
따로 있지 않았다. 좁게는 서양식 2층 단독주택이고,
넓게는 선교사 주택부터 일본인 관사, 조선주택개량안까지
재래 한옥과 다르기만 해도 문화주택이라 불렀다.
대개는 근대적인 설비를 갖춘 서양식 주택을
문화주택이라고 했다.
1938년에 지은 이준구 가옥은 대지 600평에
개성 송악의 화강암과 프랑스 기와로 지은
건물면적 178평의 2층 양옥이었다.

(위)가회동 우종관 주택.
총독부 소속 일본인 건축가가 설계한 집으로,
급경사의 박공지붕, 다락방의 채광을 위해 지붕에서 돌출된 도머창,
1층 베란다, 포치에서 서양식 주택의 특징을 볼 수 있다.
(아래)성북동 김연수 주택.
한국의 근대건축가 1호인 박길룡이 설계한 주택으로 외관은
서양식이지만 내부는 한옥의 중정식 배치를 적용한 절충형이었다.

안석주의 만문만화 "文化住宅? 蚊禍住宅?"
(〈조선일보〉 1930년 4월 14일자).
"쥐뿔도 없는 조선 사람들이 시외나 기타 터 좋은 데에다 은행의
대부로 소위 문화주택을 새장같이 짓고서 스윗홈을 삼게 된다.
그러나 지은 지 몇 달 못 되어 은행에 문 돈은 문 돈대로
날아가버리고 외국인의 수중으로 그 집이 넘어가고 마는 수도 있다.
이리하여 문화주택에 사는 조선 사람은 하루살이 꼴로
그 그림자가 사라진다. 그러므로 우리에게는 文化住宅이 蚊禍住宅이다."

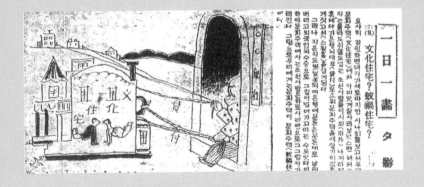

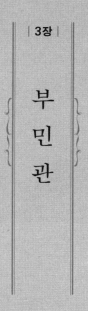

| 3장 |

부
민
관

STREET VIEW OF TAISEI-DORI WITH OGKAMON-DORI, KEIJO.

（京城）太平通と光化門通の街衢

안경화의 무용공연회

안 초시는 오랜만에 아침에 눈 뜨는 일이 즐거웠다. 딸이 신탁회사에서 삼천 원을 빌려 제2의 나진이 될 황해 연안의 땅을 샀기 때문이다. 이제 얼마 후면 순이익이 적어도 오륙만 원은 될 것이다. 안 초시는 딸이 적어도 만 원은 자기 손에 쥐어줄 것이라고 믿어 의심치 않았다.

안 초시의 딸 안경화는 한때 신극운동단체인 '토월회'에서 활동하다가 일본으로 건너가 제법 유명한 무용가가 되어 귀국했다. 신문마다 안경화의 사진과 소식이 실렸다. 안경화는 평양으로 대구로 지방순회를 다니며 이름도 날리고 무용연구소도 차렸다. 그때만큼은 안 초시도 기를 쫙 펴고 서 참위의 복덕방을 드나들었다.

경성에서 안경화의 무용공연회가 열릴 무렵이었다. 어쩐 일로 서 참위가 안 초시에게 나긋나긋하게 말했다.

"나도 그 무용이란 걸 보고 싶으이."

안 초시는 한껏 으스대며 공짜표를 얻을 수 있는 대로 얻어서 서 참위와 동네 사람들에게 나눠주었다.

안경화의 무용공연회가 열린 곳은 부민관이었다. 부민관은 경성부가 1933년 경성부청 맞은편(지금의 서울시의회 본관)에 지은 복합문화공간이었다. 설계는 하기와라 코이치萩原孝一와 경성부 영선과 건축기사인 츠치야 츠모루土屋積가 맡았는데, 일본 주요 도시에 세워진 문화시설을 시찰하고 건축계 권위자들의 의견을 참고해 설계했다. 대지면적 1780평, 건축면적 584평, 연면적 1717평에다 규모는 지하 1층 지상 3층이었으며 건물 모서리에는 9층 높이의 옥탑(시계탑)을 세웠다. 공사는 1934년 7월에 시작해 1935년 12월에 마쳤는데, 건축비는 경성전기주식회사가 사업 독점 대가로 경성부에 기탁한 100만 엔의 절반인 50만 엔이었다. 당시에는 드물게 냉난방과 환기 장치, 무대 조명과 음향 시설을 두루 갖춘 최신식 다목적 문화시설로 경성을 상징하는 대표 건물로 꼽혔다.[1]

안 초시와 서 참위는 총독부 앞 버스 종점에서 내려 걸어갔다. 저 앞 오른편에 우뚝 솟은 시계탑이 한눈에 들어왔다. 주변 건물들을 압도하고도 남을 만큼 높은 시계탑은 랜드마크 역할을 톡톡히 했다.

건축, 근대소설을 거닐다

시계탑 아래에는 상자 모양의 모던한 3층 건물이 묵직하게 버티고 있었다. 밝은색 벽면에는 별다른 장식 없이 수직 창문이 규칙적으로 배열되어 모서리의 시계탑과 함께 수직성이 강조되었다.

부민관에 도착한 서 참위는 출입구가 있는 정면 중앙 부분을 올려다보았다. 벽면에 있는 좁고 긴 창문틀이 뒤로 살짝 물러나고 수평 슬라브slab는 앞으로 튀어나와 있었다. 그 부분에 햇빛이 비추자 그림자가 생겨 잔잔한 입체감을 주었다. 출입구 앞에는 계단이 있고 차량 출입이 가능한 슬로프도 설치되었다.

안 초시와 서 참위는 부민관 안으로 들어갔다. 부민관의 전체 평면은 대지 모양에 맞춰 L자였다. L자형 수직축과 수평축이 만나는 부분에 현관홀이 있고 그 좌우에 계단실이 있었다. 시계탑은 현관홀의 서쪽 계단실 부분이었다. 부민관에서 가장 중요한 대강당은 현관홀 앞쪽에 수직축을 따라 배치되었다. L자 평면의 수평축에는 중·소강당과 특별실, 사교실, 사무실, 담화실, 다다미방, 부속실, 집회실, 식당, 매점 등이 있었다.

두 사람은 직원의 안내를 받아 대강당으로 들어갔다. 대강당은 1층부터 3층까지 세 층에 걸쳐 있는 대공간이었다. 대강당은 고정석이 1800석, 보조석이 200석이었고 입석까지 포함하면 3000명을 수용할 수 있었다. 강연회 때는 3500명까지 들어갔다. 부민관은 당시 경성에 있는 문화시설 중에서 가장 규모가 컸다. 무대도 최고로 손꼽혔는데 무대와 객석이 분리된 프로시니엄proscenium 형식이었다. 원래는 회전무대까지 설치하려 했지만 면적이 부족해 결국엔 못했다. 중 강당은 고정석이 400석, 입석을 포함하면 1000석이었고, 강연을 할 때는 900명까지 들어갔다. 소강당은 160석 규모였다.

안 초시는 조선 사람들에게 낯설기만 한 무용을 누가 보러 올까 걱정했는데 다행히 관객은 많았다. 그것이 또 안 초시의 기분을 한 껏 끌어올렸다. 정말이지 간만에 서 참위 앞에서 의기양양해지는 순 간이었다. 객석 불이 꺼지고 무대 위에 환한 조명이 쏟아지자 어깨와 다리를 드러낸 여자 무용수들이 나타났다. 음악에 맞춰 군무를 추 는 무용수들 가운데 주인공인 듯 더 튀는 옷을 입고 더 화려하게 춤 을 추는 무용수가 보였다.

'경화구나!'

안 초시 얼굴에 미소가 번졌다. 솔직히 낯 뜨거운 옷차림에 뭐가 뭔지 도통 알 수 없는 춤이었지만, 신문에 나온 딸의 모습을 생각하 며 빳빳하게 앉아 있었다. 그때 옆에 앉은 서 참위가 불쑥 한마디를 내뱉었다.

"허! 저기 한가운데서 지금 한창 다릿짓하는 사람이 자네 딸인 가?"

안 초시는 내심 뜨끔했지만 애써 태평스럽게 대답했다.

"무용이란 건 문명국일수록 벗고 한다네."

"글쎄, 난 잘 모르겠네. 아무리 생각해도 요즘 총각 놈들은 다 등 신인가 봐…."

건축, 근대소설을 거닐다

"아니, 왜?"

"젊은 사내놈이 저런 걸 보고 어떻게 그냥 참고 있나."

"뭐? 이 빌어먹을 놈. 나잇값도 못하고, 무슨 이런 개가 다 있나…."

결국 안 초시가 폭발하고 말았다.

"차라리 자네 딸더러 여배우나 하라고 하게. 그래도 여배우는 저렇게 넓적다릴 내놓고 덤비지는 않더라."

"뭐야? 이 자식이 오지랖은 경치게 넓네. 너는 안방, 건넌방이 몇 칸인지나 알지, 뭘 안다고 그래? 보기 싫으면 나가!"

안 초시가 홧김에 되는대로 퍼붓는 말 중에 "안방, 건넌방"이란 단어가 그만 서 참위의 자존심을 건드렸다. 안 초시 놀리는 재미에 싱글벙글하던 서 참위의 얼굴이 순식간에 딱딱하게 굳었다.

"넌 또 뭘 안다고? 요 쫌보야!"

그러고는 벌떡 일어나 나가버렸다.

안 초시는 안 초시대로 분이 풀리지 않아 자리에서 씩씩대다가 문득 객석에 멍멍히 앉아 있는 남자들을 둘러보았다. 갑자기 남자 관객들이 먹잇감을 노리는 늑대로 보였다. 무대 위 딸의 춤은 한층 격렬해졌다.

'요즘 총각 놈들은 다 등신인가 봐.'

서 참위의 비웃음이 귓가를 맴돌았다. 안 초시는 다시 주위를 휘휘 둘러보았다. 무용의 ㅁ자도 모를 늑대들이 침을 질질 흘리고 있었다. 안 초시는 고개를 세차게 흔들며 중얼거렸다.

'서 참위 이놈, 네가 뭘 안다고. 네깟 놈이 천생 가쾌지 별거냐…'

그날 이후 안 초시는 한 달이 넘도록 서 참위의 복덕방에 나타나지 않았다.

윤 직원의 별난 취미

윤 직원이 세상에서 가장 좋아하는 것은 당연히 돈이었다. 돈 다음으로 좋아하는 것은 의외로 남도소리였다. 전라도 태생이니 그럴만도 하지만 윤 직원의 남도소리 사랑은 유별났다. 윤 직원은 마음 같아서는 일 년 365일 밤낮으로 기생이나 광대를 사랑채로 불러 소리를 듣고 싶었지만 비용이 문제였다. 권번이나 조선음악연구회에 연락해 사람을 부르면 특별할인을 받아도 하루 최소 10원, 일 년이면 3000원이 넘었다. 자린고비 윤 직원에게는 천문학적 금액이었다.

그러나 세상일에는 '꿩 대신 닭'이 있고 '이가 없으면 잇몸'이 있기 마련이다. 윤 직원은 저렴하게 남도소리를 즐길 방법을 찾아냈다. 그중 하나가 '명창대회'였다. '명창대회'는 극장이나 회관 같은 곳에서 기생이며 광대며 여러 사람이 나와 노래를 부르는 것이었다. 음식 한개 값만 내고 여러 음식이 나오는 잔칫상을 받아먹는 기분에 윤 직원은 명창대회라면 죽고 못 살았다.

명창대회는 부민관에서도 열렸다. 부민관은 당대 최고의 시설로 지은 서양식 건물이었지만 그렇다고 해서 상류층 전용이거나 서양 음악 위주로 공연하는 곳은 아니었다. 다목적 문화시설답게 다양한 종류의 공연과 행사가 열렸다. 개관식 때만 해도 5대 권번 기생들이 총출연해 기념공연을 했다. 평소에는 신파극단이나 악극단을 비롯한 각종 연예단 공연도 있었다. 요절한 천재 시인 이상과 소설가 김유정의 합동 추모식도 그곳에서 열렸다.

부민관에서 명창대회가 열렸던 날, 일흔두 살 윤 직원은 열다섯 살 동기(童妓, 아직 머리를 얹지 않은 어린 기생) 춘심이를 앞세우고 가회동 집을 나섰다. 두 사람은 쉰일곱 나이 차에도 계속 티격태격, 맨 처음에는 부민관까지 어떻게 가느냐로 실랑이를 벌였다. 춘심이는 편하게 자동차를 불러 타고 가자는데 윤 직원은 그 돈이 아까워 우격다짐 끝에 버스를 탔다.

총독부 앞 종점에 내릴 때쯤 윤 직원은 버스걸에게 잔돈이 없다며 10원짜리 종이돈을 내밀었다. 버스비가 한 사람당 5전이니 춘심이 것까지 모두 10전, 그러나 버스걸에게는 거스름돈 990전이 없었다. 결국 윤 직원과 춘심이는 공짜 버스를 탔다. 사실 윤 직원의 지갑에는 버스비로 낼 잔돈이 있었다. 게다가 윤 직원은 버스걸에게 990전이나 되는 거스름돈이 없다는 것도 알고 있었다. 모든 것은 윤 직원이 버스비를 안 내려는 술책이었고, 윤 직원은 기분 좋게 버스에서 내렸다.

두 사람이 걸어서 부민관에 도착했을 때 시계탑 바늘은 열두 시를 가리켰다. 명창대회가 시작되려면 아직 한 시간이 남았다. 매표소 앞에 선 두 사람, 그런데 윤 직원은 이번에는 춘심이에게 줄 입장권이 아까웠다. 거기서 또 잔머리를 굴렸다. '명창대회에 춘심이의 권번 기생이 나온다고 했지? 옳거니' 하며 윤 직원이 춘심이에게 한 말은, 무대 뒷문으로 네 형을 찾아 들어가 공짜로 구경하라는 것이었다. 춘심이는 여기까지 와서 누가 치사하게 공짜 구경을 하냐고 펄펄 뛰었다. 다시 티격태격, 한참을 서로 고집을 피우며 승강이를 벌인 끝에 윤 직원은 10전짜리 두 푼을 꺼내 춘심이 손에 쥐어주며 살살 달랬다. 구경은 공짜로 하고 이 돈으로 군밤이나 사먹으라고. 그렇게 춘심이를 먼저 들여보낸 윤 직원은 50전짜리 붉은색 입장권을 한 장 샀다.

윤 직원은 남은 시간을 때울 겸 부민관을 둘러보았다. 내부도 외부처럼 별다른 장식 없는 모던한 분위기였다. 마블링한 벽지로 마감한 사교실에는 군데군데 작은 타일을 붙인 원통형 기둥과 야자수 화분이 놓였다. 테이블과 의자, 스탠드 조명 등 모든 요소가 모던한 디자인으로 통일되어 있었다. 사교실 맞은편에 있는 소강당은 교실과 비슷한 분위기였다. 소강당 벽 상부에는 회벽칠이, 하부에는 상부와 다른 색의 페인트칠이 되어 있었다. 회벽칠을 한 천장에는 둥근 펜던트 조명을 달아두었다. 식당도 벽과 천장에 깔끔하게 회벽칠을 해두었는데, 식탁, 의자, 조명, 액자, 커튼 모두 장식 없이 단순한 스타일이었다. 테이블 사이사이에는 바둑판무늬의 파티션이 있었다. 부드러운 클래식 음악이 흐르고 고소한 커피 향이 풍기는 이국적이고 풍요

로운 분위기였다.[2]

명창대회 시간이 얼추 다 되어 윤 직원은 1층 로비를 통해 대강당으로 들어갔다. 대강당 관객석 바닥은 무대를 보는 관객의 시선을 고려해 경사를 이루었는데, 경사도는 상층부로 갈수록 더 높았다. 3층 높이의 대강당에 기둥을 두지 않으려고 철골 트러스로 경사지붕을 만들었고, 천장은 소리를 확산시킬 목적으로 곡면으로 처리했다.[3]

윤 직원은 한 치의 망설임도 없이 1층 맨 앞줄에 척 앉았다. 그러자 지나가던 직원이 윤 직원의 입장권을 보고 다가왔다.

"저어, 여기는 흰색 입장권 자리입니다. 붉은색은 저기 위층으로 가시지요."

"아니, 내가 산 입장권은 하등표요. 자, 보시오!"

"그러니까요. 50전짜리 붉은색 하등표 자리는 3층이고, 1원 50전짜리 흰색 상등표 자리는 1층이니까 영감님께서는 위층에 있는 하등석으로 가셔야 합니다."

"뭐라? 높은 위층이 하등이고 낮은 아래층이 상등이라니, 그걸 말이라고 하는 게요? 내 칠십 평생 그런 말은 처음 듣겠소! 아무리 그래봤자 여기 1층이 하등이니 나는 여기에서 구경헐라우!"

이번에도 윤 직원의 무지와 억지가 승리했다. 윤 직원은 가장 싼 표를 사서 가장 비싼 자리에 앉았다. 그러곤 기생 목소리와 광대의 동작이 가장 잘 보이는 자리에서 아주 기분 좋게 명창대회를 즐기고 나왔다. 부민관 입구에서 다시 만난 춘심이에게 네 집은 가까우니 걸어가라 하고 윤 직원은 혼자 버스 정류장으로 향했다. 정류장은 한꺼번에 몰려나온 구경꾼들로 북새통이었다. 버스를 탈까 하다 재동에서 내려 언덕길을 걸어 올라갈 일이 까마득했다. 그때 마침 지나가는 인력거가 있어 탄 것이 그만 인력거꾼에게는 재앙이 되고 말았다.

인력거꾼은 몸무게 100킬로그램이 넘는 윤 직원을 태우고 가회동 언덕길을 허파가 터지도록 달렸다. 고생한 만큼 삯을 후하게 쳐달라는 의미로 돈은 알아서 달라고 했더니 윤 직원의 대답은 이랬다.

"그려? 그럼, 그냥 가소!"

말 한마디 잘못 했다가 꼼짝없이 당하게 된 인력거꾼은 기절초풍했다. 알아서 달라는 말에 알아서 안 주겠다고 버티는 윤 직원에게 인력거꾼은 1원이라도 달라며 사정사정한 끝에 겨우 25전을 받아냈다. 그 돈마저 아까웠던 윤 직원은 괜히 있지도 않는 춘심이 탓을 했다. 춘심이 꾐에 넘어가 부민관까지 가서 돈만 낭비했다고.

과연 그랬을까? 명창대회라면 사족을 못 쓰는 윤 직원은 경성에서 하는 명창대회라면 빠지는 일이 없었다. 그날 윤 직원이 명창대회를 보는데 쓴 돈은 95전이었다. 춘심이를 데리고 정상적으로 봤으면 5원은 썼을 것이다. 윤 직원이 별난 취미를 즐기려고 부민관을 오가는데 여러 사람이 손해를 봤다. 있는 사람이 더 무섭다고, 만석꾼에다 은행에 10만 원을 예금한 윤 직원이 쉽게 등쳐먹는 상대는 언제나 만만한 약자들이었다.

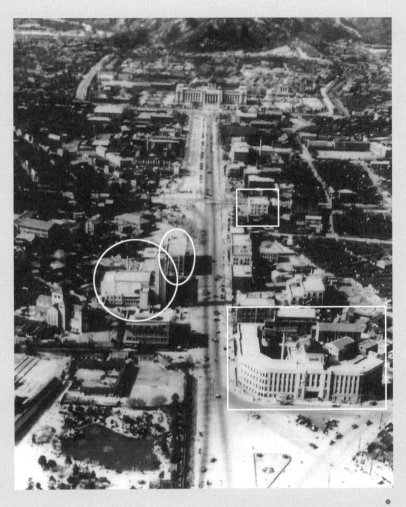

태평로 일대 건물들.
광화문을 이전한 자리에 건립한 조선총독부에서 태평로를 따라
〈동아일보〉사옥(작은 네모), 〈조선일보〉사옥(작은 동그라미),
부민관(큰 동그라미), 경성부청(큰 네모) 등 주요 건물이 보인다.

1933년 경성부가 복합문화공간으로 지은 부민관은
일본 주요 도시에 세워진 문화시설을 시찰하고
건축계 권위자들의 의견을 참고해 설계했다.
모던한 스타일로 지은 부민관의 9층 높이 시계탑은
랜드마크 역할을 톡톡히 했다. 당시에는 드물게 냉난방과 환기 장치,
무대 조명과 음향 시설을 두루 갖춘 최신식 다목적 문화시설로
경성을 상징하는 대표 건물로 꼽았다.

부민관 1층 평면도.
대지 모양에 맞춘 L자형 평면에
대강당, 중강당, 소강당 등을 갖추었다.

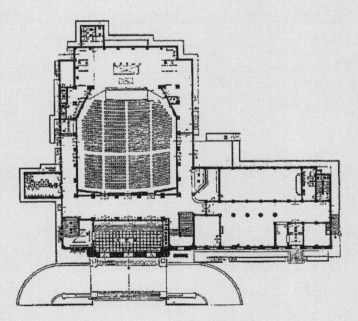

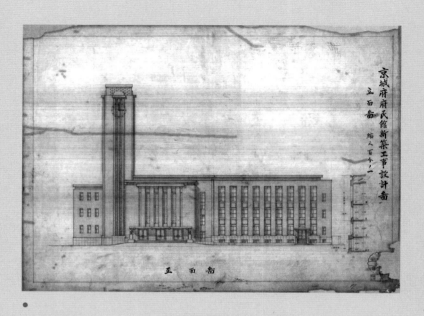

부민관 입면도.
규칙적으로 배열된 수직 창문은 모서리의 시계탑과 함께 입면의 수직성을 강조했다.
뒤로 살짝 물러난 창문틀과 앞으로 튀어나온 슬라브에 햇빛이 비추면
그림자가 생겨 잔잔한 입체감을 주었다.

부민관 단면도.
대강당은 1층부터 3층까지 세 개 층에 걸쳐 있는
대공간이었다. 당시 경성에 있는 문화시설 중에서
가장 규모가 컸고 무대도 최고로 손꼽혔는데,
무대와 객석이 분리된 프로시니엄 형식이었다.
대강당 관객석 바닥은 무대를 보는 관객의 시선을 고려해
경사를 이루었는데, 경사도는 상층부로 갈수록 더 높았다.
3층 높이의 대강당에 기둥을 두지 않으려고
철골 트러스로 경사지붕을 만들었고,
천장은 소리를 확산시킬 목적으로 곡면으로 처리했다.

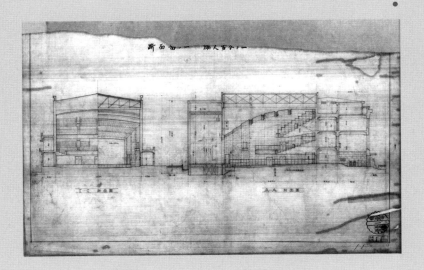

4장

경성방송국

대복이의 터닝포인트

윤 직원이 남도소리를 즐기는 두 번째 방법은 명창대회보다 더 저렴했다. 교통비도 들지 않고 그저 편안하게 사랑방에 누워 있기만 하면 되었다. 그것은 바로 경성방송국에서 하는 라디오 국악방송을 듣는 일이었다.

경성방송국은 1927년 2월 16일 "여기는 경성방송국입니다. JODK"를 첫 멘트로 개국했다. JODK는 경성방송국 호출번호였다. 경성방송국 건물은 정동 언덕(지금의 덕수초등학교 자리)에 세워졌다. 대지 190평을 황실에서 임대해 건축했는데, 1926년 7월에 착공해 같은 해 12월에 준공했다. 지하 1층, 지상 2층 규모에 옥탑이 있는 연한 크림색 건물로, 좌우에는 높이 45미터짜리 방송용 첨탑이 뾰족하게 서 있었다.

개국 당시에는 하나의 채널로 조선어와 일본어를 1대 3의 비율로 방송했다. 일본어 프로그램은 뉴스와 경제시황 보도였고, 조선어 프로그램은 물가시세, 일기예보, 공지사항, 음악방송 정도였다. 그때 라디오 수신기 등록 대수는 고작 1440대였는데 그 수치의 80퍼센트가 일본인의 것이었다. 조선인은 라디오 수신기를 소유한 사람도 적었고, 일본어를 이해하는 이도 전체 인구의 7퍼센트가 안 되었다. 라디오 수신기가 귀하기도 했지만 있다고 해서 방송을 그냥 들을 수 있는 것도 아니었다. 라디오 수신기를 방송국에 등록하고 체신국의 청취 허가를 받아야 했는데, 방송국 마크 속에 일련번호가 적힌 청취허가증을 받으면 대문 밖에 붙이고 청취료를 내야 했다. 청취료는 매달 2원이었는데, 쌀 10킬로그램이 3원 20전이고 영화관 입장료가 30전이었으니 청취료는 꽤 비싼 편이었다. 만일 허가를 받지 않고 도청을 하면 1000원 이하의 벌금이나 일 년 이하의 징역에 처한다는 규정이 있었다. 그런 상황이다 보니 라디오를 청취하는 조선인 수가 적을 수밖에 없었다. 그런데 경성방송국의 유일한 재원은 청취료였다. 계속 적자를 보게 되자 개국한 그해 7월 경성방송국은 조선어와 일본어를 2대 3의 비율로 내보냈고 10월에는 청취료를 1원으로 내렸다. 그 후 청취자가 늘긴 했지만 청취료 수입은 여전히 미미했다.[1]

경성방송국은 보다 근본적인 대책으로 1933년부터 두 채널로 나

뭐 일본어와 조선어를 이중방송했다. 일본어 방송은 주로 동경방송을 중계했고, 조선어 방송은 국악, 방송극, 교양교육과 스포츠 중계로 편성 제작했다. 조선인에게 가장 인기 있는 방송 가운데 하나가 바로 명창대회였다. 전국적으로 유명한 명창을 하루에 한 사람씩 방송국으로 초빙해 부르게 한 것이다. 한 시대를 풍미했던 이동백, 신은홍, 강소춘, 이화중선, 김추월 등이 출연하자 반응은 폭발적이었다. 1928년에는 광무대가 공연하는 창극 〈춘향전〉을 5회에 걸쳐 내보냈고, 1930년에는 방송 사상 최초로 이동 마이크로폰을 이용해 조선극장에서 열린 '조선 팔도 명창대회'를 중계했다. 모두 대단한 호평을 받았으며 명창대회 중계는 이후에도 다양한 방식으로 계속되었다. 초창기 방송 음악은 생방송으로 진행되었지만, 1930년대부터는 레코드가 많이 보급되어 레코드 음반으로 대체되었다.[2]

윤 직원은 17원을 들여 삼구三球짜리 라디오 한 세트를 사고 청취료로 매달 1원을 냈다. 부민관 명창대회 상등석 1회 입장료인 1원 50전과 비교하면 거저나 다름없었다. 윤 직원이 라디오 수신기를 사랑방 연상 위에 매어놓고 금이야 옥이야 할 만했다.

윤 직원은 라디오를 들을 줄만 알았지 라디오에 대해서는 몰랐다. 라디오에 관한 일은 윤 직원의 심부름꾼 겸 비서인 대복이가 맡아서 했다. 가장 중요한 일은 일간지에 나오는 당일 라디오 프로그램을 확인하는 것이었다. 그런데 윤 직원은 돈이 아까워서인지 무식해서인지, 아니면 둘 다인지, 어쨌든 신문을 받아보지 않았다. 그래서 대복이는 아침마다 골목 밖 이발소로 가서 일간지를 뒤적이며 당일 프로그램을 확인했다. 어쩌다 국악방송을 놓치기라도 하면 당장 윤 직원의 불벼락이 떨어졌다.

무사히 라디오에서 남도소리가 흘러나오면 윤 직원은 보료 위에 드러누워 장죽을 기다랗게 물고 "얼씨구 좋다아!" 소리를 쳐가며 즐거워했다. 명창 기생의 얼굴이나 광대의 거동을 직접 볼 수 없어서 유감이긴 했지만, 매달 1원으로 이만한 호사가 어디 있으랴 싶었다.

그러나 사람 욕심 끝이 없다고, 점점 못마땅한 것이 하나둘 늘었고 그 불만은 고스란히 대복이에게 쏟아졌다. 국악방송이 없는 날이면 윤 직원은 왜 날마다 나오는 소리를 느닷없이 못 나오게 하느냐며 대복이를 쥐 잡듯 잡았다. 물론 대복이는 그때마다 열심히 설명했다.

"방송국에서 그날 프로그램을 다르게 정했으니 집에 앉아서 라디오를 아무리 주물러도 남도소리는 나오지 않는 법입니다요."

"법이라께? 그런 개 같은 놈의 법이 어딨당가? 어떤 놈의 소리가 엊저녁까지 들리던 게 오늘 갑자기 안 들리넝고? 기생이랑 광대가 다 급살 맞아 죽었다덩가?"

역시, 윤 직원은 남달랐다. 도무지 말이 통하는 사람이 아니었다. 윤 직원이 말도 안 되는 소리로 잡도리를 할 때마다 대복이는 죽을 맛이었다. 참다못해 대복이는 경성방송국에 눈물의 편지를 보냈다. 제발 매일 빼먹지 말고 남도소리를 방송해달라고. 그렇게 보낸 편지가 수십 장이었다.

윤 직원은 국악방송 시간도 불만이었다. 이왕 방송할 거면 부민관 명창대회처럼 두서너 시간씩 할 것이지, 감질나게 고작 삼십 분 정도만 하고 만다며 또 대복이를 닦달했다. 여기에는 윤 직원다운 이유가 따로 있었다. 방송 시간이 짧다고 생각되자 매달 내는 청취료 1원이 아까웠던 것이다.

"다달이 돈을 1원씩이나 또박또박 받아가면서 정 이따위로 할 거면 다음 달부터는 그만두래라!"

물론 그 말을 곧이곧대로 듣는 사람은 아무도 없었다. 그러나 듣기 좋은 노래도 한두 번이지, 윤 직원의 반복적인 지청구에 영혼마저 너덜너덜해진 대복이는 어느 날 무턱대고 경성방송국을 찾아갔다. 그동안 수십 장 편지를 보내도 답이 없으니 직접 가서 알아볼 작정이었다. 물론 큰 기대는 하지 않았다. 그저 속에서 천불이 나서 가만히 앉아 있을 수가 없었다.

구세군중앙회관 뒤로 보이는 경성방송국 건물은 생각보다 작았다. 190평의 대지를 빌려 건축면적 50여 평으로 지은 건물이니 그럴 만했다. 외관도 주변 외국 공사관이나 선교사들이 지은 건물에 비하면 너무나 평범했다. 다만 다른 건물들에서 볼 수 없는 뾰족한 첨탑 때문에 뭔가 특별한 건물로 비쳤다. 대복이는 문득 저 첨탑에 벼락이 치면 어떻게 될까 궁금했다.

경성방송국은 조선식산은행의 영선과장 나카무라 마코토中村誠가 설계했다. 나카무라는 은행 설계 전문가였지만 경성방송국과 〈동아일보〉광화문 사옥도 설계했는데, 두 건물은 정동에 많이 지어진 서양 고전주의 양식이 아니라 모더니즘 건축에 속했다. 그중에서도 경성방송국은 세제션sezession 풍이었다.

'분리·독립'을 뜻하는 세제션은 19세기 말 오스트리아 빈을 중심으로 일어난 신예술 운동이었다. 구시대로부터 탈피와 과거 양식에서 분리할 것을 주장했던 세제션은 새로운 사회와 산업을 반영하는 예술을 추구했다. 실용성과 단순화, 구조와 예술 형식의 결합, 표준화와 규격 생산 등 세제션이 제기하는 이슈는 이후 모더니즘 건축의 기초가 되었다. 건축 양식으로 보면 신고전주의 건축에서 모더니즘 건축으로 넘어가는 과도기적인 형태였다.

경성에서 대표적인 세제션 건축물은 1921년에 준공된 천도교 중앙대교당이었다. 설계자는 일본 건축계를 주도했던 도쿄제국대학 건축학과 출신의 나카무라 요시헤이中村與資平였다. 1907년 조선은행(지금의 한국은행 화폐박물관) 공사 감독관으로 조선에 왔다가 경성에 자신의 건축사무소를 차렸는데, 1910년대 조선에서 총독부 소속이 아닌 민간 건축가 중에서 가장 왕성한 활동을 한 일본인 건축가였다. 주로 은행을 설계했는데, 은행 외에 유명한 건물로는 천도교 중앙대교당, 중앙고등학교 동관과 덕수궁 미술관 등이 있다.

강렬한 붉은 벽돌과 화강석으로 마감한 천도교 중앙대교당에 비하면 벽돌조 2층 건물에 크림색 칠을 한 경성방송국은 너무나 평범했다. 두 건물의 유사점인 반원 아치로 구성한 입면도 천도교 중앙대교당은 입체적인 반면 경성방송국은 밋밋했다. 대신 건물 기능이 방송국인 만큼 설계 주안점은 외관이 아니라 내부 방송실과 방송 참관자들의 동선에 있었다. 최신 음향설비를 갖춘 서양음악 방송실은 중앙에 마이크로폰이 설치되어 있었으며 그 주위에 오케스트라단이 모여 연주할 수 있는 공간이었다. 앉아서 연주하는 전통음악은 다다미방으로 꾸민 일식 방송실에서 했다. 양악 방송실은 24평이고 일식 방송실은 10.5평이어서 큰 공연이 있으면 경성공회당 같은 곳에서 하곤 했다.[3]

경성방송국에 도착한 대복이는 현관 앞에 모인 100여 명의 여성들을 보았다. 신문사에서 주최한 '부인견학단'이었다. 방송국 안을 돌아다니며 방송 현장을 견학한다고 했다. 대복이는 이게 웬 횡재냐 싶어 일꾼인 척 요령껏 그들을 따라다니며 방송국을 구경했다. 지하에는 발전실, 축전지실, 기관실이 있고, 1층에는 사무실, 이사실, 기술복원실, 식당, 숙직실 등이 있었다. 2층이 방송과 관련해 가장 중요한 공간이었는데 방송실, 지휘실, 서양식 예비실, 일본식 예비실, 방송부원실 등이 있었다.[4]

대복이는 송전 안테나, 방송실, 마이크, 기계실 같은 생전 듣도 보도 못한 신기한 첨단 문물을 보며 눈이 휘둥그레지고 입이 쩍 벌어졌다. 그 바람에 대복이는 자신이 왜 경성방송국에 왔는지 잊어버리고, 뭔가에 홀린 듯 황홀한 마음이 되어 윤 직원의 집으로 돌아갔다.

그날 저녁 대복이가 라디오 스위치를 가만히 누르자 기다렸다는

듯 국악방송이 흘러나왔다. 청승스러운 단소와 의뭉한 거문고 소리
가 서로 얽혔다 풀렸다 하는 사이로 가냘픈 양금이 야무지게 밀고
나갔다.

"좋~다아!"

담뱃대를 물고 모로 드러누운 윤 직원이 큼직한 엉덩이를 치며 추
임새를 넣었다. 윤 직원의 기분이 상당히 좋다는 증거였다. 제 일을
끝낸 대복이가 사랑방에서 물러나는데, 때마침 춘심이가 배시시 웃
으며 들어왔다.

"어서 오너라. 이년, 왜 이렇게 늦게 오냐?"

"오고 싶으면 오고, 말고 싶으면 말구 하지요. 시방 세상은 자유
세상인데!"

윤 직원은 반가워하면서도 욕을 하지만, 춘심이는 욕을 먹어도 주
눅 들지 않았다. 윤 직원이 라디오를 듣는 동안 다리 안마나 좀 하라
고 말하자 춘심이는 발끈하며 머리를 쌀쌀 흔들었다. 그게 귀여워서
윤 직원은 춘심이를 히죽히죽 올려다보며 누웠다. 어느새 국악방송
이 끝나고 바이올린 소리가 들려왔다.

"원, 하라는 소리는 안 하고 지랄 같은 깡깽이 소리는…."

윤 직원은 이맛살을 찌푸리며 라디오를 껐다. 그러고는 냅다 춘심
이에게 노래 한마디 불러보라고 했다. 이번에는 춘심이가 싫다는 소
리를 안 하고 노래를 불렀다.

"사안이이로구나아 헤."

건축, 근대소설을 거닐다

기생이면서도 단발머리에 여학생 복장을 하고 온 춘심이가 퍼질러 앉아 노래 부르는 꼴을 보니 윤 직원은 장난기가 발동했다.

"야, 이년아! 여학생이 잡가도 한다더냐!"

윤 직원과 춘심이가 친구처럼 주거니 받거니 말장난을 하는 동안 대복이도 어디선가 라디오 방송을 듣고 있었다. 라디오 수신기가 없어도 들을 수 있는 방법은 많았다. 비싼 라디오를 살 수 있는 극소수 부유층은 개인 공간에서 들었지만, 그렇지 못한 다수는 라디오 청취 공개 행사를 통해 집단적으로 들었다. 그런 행사는 전국적으로 열려 보통 사람들도 라디오라는 첨단 문명의 이기를 직접 체험할 수 있었다. 1933년 조선어 채널이 생기면서 라디오 청취자는 폭발적으로 증가했고, 라디오를 들을 수 있는 각종 행사장은 늘 만원이었다.

'라디오 대회'는 공회당, 학교, 강당 같은 곳에 성능 좋은 수신기를 설치해 라디오를 함께 듣는 행사였다. 여기에다 라디오 원리와 수신기 조립 등 전문적인 지식까지 더하면 '라디오 강습회'가 되었다. 대복이가 경성방송국에서 만났던 '부인견학단'은 여성들에게 라디오를 홍보하기 위한 행사이기도 했다. 지방의 신문 지국에서는 '라디오 순회대'를 조직해 최고급 수신기를 가지고 지역 일대를 돌아다니며 라디오 방송을 들려주었다. 민간에서도 자발적으로 '라디오 청취회'를 만들어 공개 청취하는 모임을 가졌는데, 거리까지 군중이 운집해 교통 혼잡을 빚을 정도였다.[5]

사람들이 즐겨 듣던 방송은 음악 외에도 스포츠 중계와 드라마가 있었다. 주로 저녁 시간대에 편성된 드라마는 방송영화극, 방송무대극, 각본 낭독, 방송소설 등이었다. 방송영화극은 영화를 라디오 방송에 적합하게 만든 것이었다. 방송국 스튜디오 마이크 앞에서 해설자가 동작과 자막을 설명하고 배우들은 연기하듯 대사를 읊고, 관현악단은 해당 장면과 대사에 어울리는 음악을 연주했다. 방송무대극은 연극을 라디오 방송에 알맞게 각색하고 여러 배우가 배역을 맡아 목소리로 연기하는 것이었다. 각본 낭독과 방송소설은 유명 배우나 경성방송국 아나운서가 작중 인물의 배역을 맡아 해설하거나 낭독하는 형식이었다.[6]

　대복이는 앞으로 '라디오 강습회'에 가볼 요량이었다. 우연찮게 경성방송국을 견학한 뒤로 라디오 수신기에 대한 관심이 부쩍 많아졌기 때문이다. 라디오 강습회는 저렴한 가격으로 라디오 수신기를 조립하고 고장 나면 수리하는 방법까지 알려주는 교육 프로그램이었다. 어쩌면 직접 라디오를 만들어 사용할 수 있을지도 몰랐다. 그렇게만 된다면 대복이는 윤 직원의 집을 떠나 어엿한 기술자로 새 출발을 하고 싶었다. 혹시 또 누가 알겠는가. 더 잘 되어 나중에 방송국 엔지니어로 취직할지. 그날 밤 대복이는 너무 설레어 도무지 잠을 이룰 수 없었다.

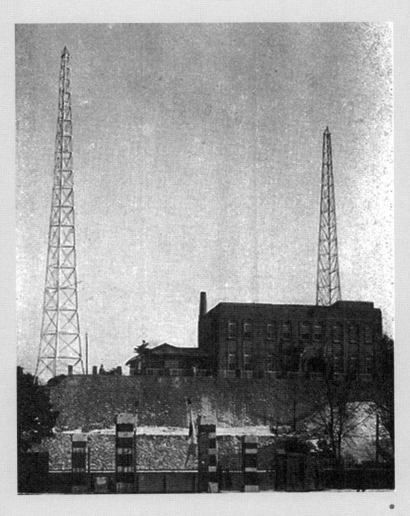

1927년 2월 정동 언덕(지금의 덕수초등학교 자리)에서 개국한
경성방송국은 조선식산은행 영선과장 나카무라 마코토가
세제션풍으로 설계했다. 지하 1층, 지상 2층 규모에 옥탑이 있는
연한 크림색 건물 좌우로는 방송용 첨탑이 뾰족하게 서 있었다.

경성방송국은 건물 기능이 방송국인 만큼 설계 주안점을
외관이 아니라 내부 방송실 설비에 두었다. 앉아서 연주하는 전통음악은
다다미방으로 꾸민 일본식 방송실(위)에서 했다.
최신 음향설비를 갖춘 서양음악 방송실(아래)은 중앙에 마이크로폰이
설치되어 있었으며 그 주위에 오캐스트라단이 모여 연주했다.

서울중앙방송국 라디오제어실(1948년).
경성방송국은 해방 후 1947년
한국방송공사의 전신인
서울중앙방송국으로 새롭게 출범했다.

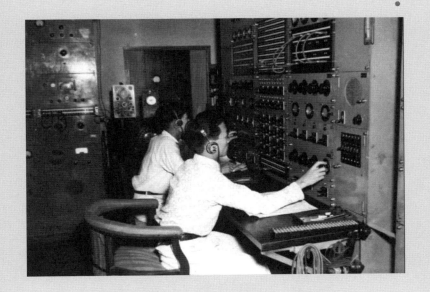

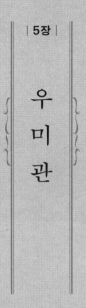

| 5장 |

우
미
관

춘심이의 비밀 연애

윤 직원은 살면서 첩이 끊일 새가 없었다. 시골에 있을 때는 둘씩이나 두었고, 경성에 올라온 뒤로는 기생첩부터 가짜 여학생 첩까지 일 년 아니면 두서너 달씩 살다가 갈아치웠다. 무려 십여 명을 거친 뒤에 좀 그럴듯한 과부 하나를 얻어 가회동 본가 바로 옆에 첩살림을 차렸다. 나이 서른댓 된 과부는 인물도 괜찮고 신식 여자처럼 되바라지지도 않았으며 솜씨도 좋고 알뜰하기까지 해서 윤 직원은 무척 마음에 들어 했다. 2년이 넘도록 믿거니 하며 잘 살았는데, 어느 날 이웃집 보험회사 외판원과 바람이 나 야반도주를 했다.

믿는 도끼에 발등 찍힌 윤 직원은 도망간 첩에게 있는 대로 욕을 하면서도 또 그런 여자만 찾았다. 기생이니 여학생이니 하는 것들은 돈이나 뜯어내고 건방지다면서 말이다. 하지만 윤 직원의 첩복이 딱 거기까지였는지 더이상 그런 여자를 만날 수 없었다.

한평생 돈만 알고 살아온 윤 직원은 바둑이나 장기는 두어보지도 않았고 친구도 없었다. 그나마 있던 첩도 사라지고 보니 혼자 밤낮 텅 빈 사랑방에서 담뱃대를 물고 누웠다 앉았다를 반복했다. 심심해 죽을 지경이 되자 아는 사람을 통해 동기를 불러 말동무도 하고 노래도 시키고 다리도 주무르게 하며 시간을 보냈다. 그러다가 퍼뜩 깨달았다. 데리고 놀기에는 동기가 더 재미있고 가끔 용돈이나 쥐어주면 되니 돈도 덜 든다는 사실을.

그때부터 윤 직원은 열다섯 살 이하의 동기를 소개받았다. 밖으로는 심심풀이 말동무라고 했지만 속으로는 음흉한 속셈이 따로 있었다. 윤 직원은 처음 며칠간 동기에게 노래를 시키고 말동무도 하며 지내다가 동기가 낯을 안 가릴 때쯤 되자 본색을 드러냈다.

"너 몇 살이냐? 응, 숙성하구나! 너 내 말 들을래?"하면서 동기의 머리를 쓰다듬다가 팔로 허리를 덥석 안았다. 그랬더니 동기가 불에 덴 듯 놀라 울면서 뛰쳐나가는 것이 아닌가. 이런 망신살이 다 있나 싶어 윤 직원은 다시 빈방에 혼자 심심하게 지내는 생활로 돌아갔다. 그런데 사람 마음이 참으로 요상한 것이 그 망신스러운 일이 마치 맛을 보려다가 회만 동한 것처럼 도무지 참을 수 없게 만들었다. 윤 직원은 다른 동기를 불러 같은 짓을 되풀이하고 퇴짜맞기를 몇 번, 개

중에는 욕을 냅다 갈기고 나가버리는 아이도 있었다. 그렇게 다섯 번을 계속 실패한 뒤에 만난 동기가 춘심이었다.

춘심이는 열다섯 살이지만 보통내기가 아니었다. 권번 사람 눈에 뜨일 자리가 아니면 자기가 입고 싶은 옷을 마음대로 입고 다닐 만큼 당돌했다. 윤 직원 집에 올 때는 단발머리에 흰 저고리 통치마를 입고 양말을 신은 여학생 차림이었다. 사랑방에서 윤 직원과 단둘이 있어도 주눅 들지 않았다. 윤 직원이 본색을 드러내도 춘심이는 걸려들듯 말듯 애만 태우다가 미꾸라지처럼 잘도 빠져나가니 윤 직원의 간이 녹을 지경이었다.

한술 더 떠 춘심이는 윤 직원 집에 드나들며 윤 직원의 하나뿐인 증손자 경손이와 애인 사이가 되었다. 물론 윤 직원은 그 사실을 몰랐다. 동갑내기 두 아이는 급속도로 가까워져 경손이 방에서 몰래 만나거나 우미관 또는 안국동 청요릿집 등을 돌며 데이트를 즐겼다. 때로는 경손이가 윤 직원의 사랑방에 있는 춘심을 가로채기도 했다. 경손이는 공부라면 죽어라 안 하지만 그런 일에는 능수능란했다. 어떻게 하냐면, 일단 먼저 경손이는 남들이 알 수 있도록 티를 내며 대문 밖으로 나갔다가 잠시 머문 다음 다시 들어와 사랑방을 향해 소리를 친다.

"여기 춘심이라고 왔수? 어떤 여편네가 대문 밖에서 좀 불러달래우!"

경손이의 목소리를 알아듣고 춘심이가 얼른 밖으로 뛰어나가면 경손이는 춘심이의 귀에 대고 말한다.

"극장 가자."

춘심이는 얼른 사랑방 앞으로 가서 둘러댄다.

"영감님, 우리 아버지가 아프다고, 어머니가 왔어요!"

춘심이와 경손이는 그렇게 손발이 척척 잘도 맞았다. 아무것도 모르는 윤 직원은 사랑방 안에서 입맛만 다실 뿐 내일 오라고 말할 수밖에. 그러면 젊은 연인은 서로 마주 보고 씩 웃고는 마치 아무 일도 없다는 듯 각자 우미관으로 달려갔다.

우미관은 1912년 관철동 89번지에 일본인 하야시다 긴지로林田金次郎와 시마다 미요지柴田三代治가 세운 활동사진(무성단편영화)[1] 전용관이었다. 하야시다 긴지로는 청일전쟁(1894~1895) 때 조선으로 건너와 용달업과 석탄판매업으로 큰 부자가 되었고, 동업자인 시마다 미요지는 무교동에 목욕탕을 처음으로 세운 사람이었다.[2]

일본인이 도성에 거주한 것은 1882년 임오군란 후 일본 공사관원과 용달상인이 진고개(지금의 충무로 2가) 일대에 자리를 잡으면서부터였다. 1910년을 전후로 일본인 거류민이 급증하고 청계천 이남인 남촌에 집단 거주하면서 남촌 지역이 새로운 상업 경제 중심지로 개발되었다. 청계천 이북인 북촌은 조선시대부터 상업시설이 집중된 곳이자 중상류층의 거주지로 탄탄했다. 이로써 청계천을 경계로 북촌은 조선인 거주 지역으로, 남촌은 일본인 거주 지역으로 구분되었다. 상권도 북촌의 종로와 남촌의 본정으로 민족별로 형성되었다. 그런 상황에서 일본인 하야시다 긴지로는 왜 북촌에, 그것도 조선인 거리로 불렸던 종로에 영화관을 세웠을까?

활동사진이 조선 대중에게 널리 공개된 것은 1903년 동대문 한성전기회사 기계 창고에서였다. 특별한 주제도 없이 구미 각국의 풍경이나 관광지, 춤 같은 것을 50초 정도 보여준 것에 불과했지만 생전 처음 보는 조선인들은 그저 놀랍고 신기할 뿐이었다. 너나 할 것 없이 설렁탕 한 그릇 값을 내고 보러 가서 화면이 나올 때마다 놀람과 충격을 고스란히 드러냈다. 기차가 역에 들어오는 장면이 나오면 진짜 기차가 눈앞으로 튀어나오는 줄 착각하고 비명을 질렀고, 드레스 입은 여자 무용단원이 인사하는 장면이 나오면 갓 쓰고 도포 입은 영감들이 그 절을 받으려고 의자에서 벌떡 일어났다.[3]

활동사진 전용관(혹은 상설 영화관)은 경제력이 앞선 남촌에 먼저 생겼다. 1910년 경성고등연예관, 1912년 대정관, 1913년 황금관이 차례로 들어섰다. 경성고등연예관은 황금정(지금의 을지로 입구)에 지은 목조 2층 건물인데, 1층에 긴 널판 의자를 놓고 2층에는 다다미를 설치해 600여 명이 앉을 수 있었다. 무성영화는 영화 내용을 설명해주는 변사가 필요했는데, 대정관과 황금관은 일본인 변사만 있고 경성고등연예관은 일본인 변사 외에 조선인 변사도 있었다. 그래서 경성고등연예관은 일본인 반, 조선인 반이라 할 정도로 조선인이 많이 가던 곳이었다. 영화에 대한 조선인의 호기심과 영화로 돈을 벌려는 일본인의 욕망이 만나 북촌과 남촌이라는 민족적인 경계를 훌쩍 뛰어

넘었던 셈이다.

북촌에서는 단성사, 연흥사, 장안사 등에서 활동사진을 상영했지만, 그곳은 활동사진 전용관이 아니라 연극, 판소리, 전통연희 등을 두루 공연하는 극장이었다. 북촌에 활동사진 전용관이 생긴 것은 1912년 우미관이 처음이었다. 우미관은 벽돌로 지은 2층 건물로 관람석에 긴 나무 의자를 두었는데, 빽빽이 앉으면 1000명까지 들어갔다. 우미관은 조선인 변사만 두고 조선말로 무성영화를 해설하는 상설 영화관으로 운영되었다. 종업원도 모두 조선인이었고, 일본인 주인은 일체 표면에 나서지 않았다. 겉으로만 보면 조선인의, 조선인에 의한, 조선인을 위한 영화관이었다.

그 작전은 통했다. 남촌 영화관을 가던 조선인들이 우미관으로 몰렸다. 사람이 모이면 돈이 모이고 돈이 모이면 환경이 바뀌기 마련이다. 우미관을 찾는 사람이 많아지면서 그 일대에 여관, 카페, 바, 식당, 노점 등이 생겨났다. 경제력이 확실한 남촌에 비하면 근대적인 문화 기반시설이 부족한 종로에 변화의 바람이 분 것이다.

1918년이 되면 기존의 단성사가 상설 영화관으로 바뀌고 1922년에는 조선극장도 들어섰다. 그때 단성사는 불세출의 흥행사 박승필이 이끌었고, 조선극장은 시설 면에서 우미관보다 훨씬 좋았다. 1910년대에 조선인이 가장 즐겨 찾던 영화관 우미관은 경쟁력이 점점 떨어지다 1924년 화재 이후에는 단성사와 조선극장에 끝내 밀려났다.

1930년대는 무성영화 시대가 가고 발성영화talkie 시대가 왔다. 무성영화 극장에서 발성영화 극장으로 바꾸려면 최신 설비를 위한 막대한 자금과 기술력이 필요했다. 마침 명치좌, 약초극장, 부민관 등 최신식 극장들이 속속 등장했다. 그 변화를 따라갈 수 없었던 단성사와 조선극장은 2류 극장, 우미관은 3류 극장 취급을 받았다. 그동안 우미관 주인마저 다른 일본인으로 바뀌면서 상황은 계속 나빠졌다.[4]

그럼에도 우미관이 살아남았던 것은 그 나름의 경쟁력이 있었기 때문이다. 그것은 바로 종로 상권 중심부라는 입지와 3류 극장다운 값싼 입장료였다. 1930년대가 되면 종로에도 남촌 못지않게 야경을 밝히는 고층 건물이 많이 들어섰다. 종로 네거리에서 탑골공원 방향으로 도로 좌우에 화신백화점, 한청빌딩, 기독교성서공회, 영보빌딩 같은 서양식 빌딩들이 늘어섰다. 그만큼 종로는 인파로 북적거렸다.

우미관은 종로 네거리 종각에서 탑골공원 방향으로 걷다가 영보빌딩과 서양악기점(지금의 할리스커피 종로본점 자리)을 지나 우측 골목 안으로 들어가면 바로 있었다. 우미관 골목은 종로 대로변의 고급스러운 분위기와 달랐다. 와자지껄하고 지저분하면서도 활기찬 뒷골목 세상이었다. 종로 중심부에 있으면서 뒷골목의 자유로움과 저렴한 가격은 우미관의 경쟁력에 보탬이 되어 춘심이와 경손이 같은 청춘들을 끌어들였다.

가회동 윤 직원의 집을 빠져나온 춘심이와 경손이는 우미관 앞에서 다시 만났다. 우미관 2층 베란다 난간에는 기다란 깃발이 세로로 꽂혀 있었다. 빨강과 노랑 깃발에는 상영 중인 영화 제목이 쓰여 있었다. 마를렌 디트리히와 게리 쿠퍼 주연의 〈모로코〉였다. 깃발 뒤로 베란다 뒷벽에는 커다란 간판이 걸렸는데 우미관 골목 안에서 살고 있던 일본인 간판장이의 솜씨였다. 낮 시간이었다면 우미관 베란다에서 악사 대여섯 명이 손님을 끌려고 유행가를 연주했을 것이다.

경손이가 입장권을 사러 매표소 앞에 서자 춘심이가 엄호라도 하듯 바짝 다가갔다. 우미관 주변에는 영화를 보러 오는 사람들을 노리는 소매치기가 많았기 때문이다. 자칫 방심했다간 한순간에 털리기 일쑤였다. 어디 소매치기뿐인가. 폭력배들은 인근 상인들에게 보호비 명목으로 돈을 뜯어냈다. 우미관 출입구를 지키는 기도들도 폭력배 조직과 연결되어 있었다.

경손이는 10전짜리 백동전 두 개를 내고 입장권을 샀다. 우미관 입장료는 단성사나 조선극장보다 훨씬 저렴했을 뿐 아니라 좌석에 관계없이 단돈 10전이었다. 다른 영화관은 좌석마다 등급이 있었고 그에 따라 입장료도 달랐다. 대개 특등, 중등, 하등으로 구분되었는데, 특등석은 70전~2원, 중등석은 40~60전, 하등석은 20~30전 내외였다. 그러나 지정좌석제는 아니어서 정원을 초과해 들어간 관객들이 선 채로 관람하기도 했다. 관객 대부분은 중산층 이상이었지만 각종 할인행사나 무료 상영회도 있고 우미관처럼 단돈 10전으로 볼 수 있는 영화도 상당해서 일반 서민도 영화를 볼 기회가 많았다.[5]

우미관이 재상영으로 파격적인 저가 정책은 쓴 것은 1920년대 중반 시설 좋은 영화관에 밀리면서 찾아낸 돌파구였다. 관객 수만 따지

건축, 근대소설을 거닐다

면 우미관이 조선인 상설관 중에서 입장객이 가장 많았으니 박리다매 전략은 성공한 셈이었다.[6]

경손이가 산 입장권은 저녁 7시에 시작해 10시쯤 끝나는 영화였다. 필름 길이가 짧아서 보통 세 편 정도의 영화를 상영했다. 원래 조선인 영화관에서는 서양 영화만 상영했는데 1930년대 중반부터 일본 영화를 의무적으로 끼워 넣어야 했다. 〈모로코〉는 춘심이보다 경손이가 더 보고 싶어 했던 영화였다. 프랑스 외인부대와 술과 여자는 사춘기 소년이 반할 만한 소재였기 때문이다. 춘심이는 마를렌 디트리히의 곱슬머리에 감탄했다. 권번 기생 언니들의 단골 미용사가 마를렌 디트리히의 머리를 보면서 파마 연습을 한다더니 그럴 만해 보였다. 그날 경손이가 〈모로코〉보다 더 재미있게 본 것은 일본이 벌이고 있는 전쟁 뉴스 영화였다. 경손이는 무조건 강하고 이기는 쪽이 좋았다. 윤 직원의 증손자다웠다.

영화를 보는 내내 객석에서 담배 연기가 모락모락 피어올랐다. 화면은 뿌연 안개가 낀 듯 흐릿했다. 난방시설이 없어서 어떤 사람은 생철통 안에 숯불을 담아 손을 쬐면서 구경했다. 담배 냄새, 숯 냄새, 변소에서 풍겨오는 암모니아 냄새와 사람 몸 냄새까지, 극장 안은 영화를 보고 듣는 감각보다 코를 찌르는 감각이 더 적나라했다. 그래도 춘심이와 경손이는 개의치 않았다. 2층 맨 뒷자리 구석에 앉은 연인에게 중요한 것은 영화도, 고약한 냄새도 아니었다. 예전이라면 남녀 좌석이 따로 분리되어 있어서 같이 영화를 볼 수도 없었다. 그때 신문이나 잡지는 부인석에 있는 여성을 부정적으로 묘사하고 훈계 대상으로 삼기에 바빴다. 그러나 세월이 바뀌어 이제 춘심이는 누구의 눈치도 볼 필요가 없었다. 그저 입고 싶은대로 여학생 복장을 하고 만석꾼 증손자와 데이트를 즐기면 되었다.

밤 10시쯤 춘심이와 경손이는 우미관을 나왔다. 배가 출출하기도 했지만 이대로 헤어지기가 아쉬웠다. 늘 하던 대로 두 사람은 우미관 건너편 '풍미당'으로 향했다. 일본식 우동과 국화빵을 파는 곳인데 특히 국화빵이 유명했다. 우동은 한 그릇에 5전, 국화빵은 낱개로 1전이었고, 5전을 내고 한 접시를 시키면 덤이 한 개 더 나왔다. 풍미당은 커다란 이층집인데도 앉을 자리가 없었다. 두 사람은 자리가 나올 동안 왼쪽 모퉁이에서 국화빵 굽는 모습을 구경했다. 국화꽃 모양으로 옴폭옴폭 구멍을 낸 국화빵 틀에서 구수한 냄새가 풍겼다.[7]

영화가 상영되는 동안 잠잠했던 골목이 다시 활기차게 움직였다. 우미관에서 쏟아져나온 사람들은 싸구려 술집이나 카페, 바, 선술집으로 바쁘게 움직였다. 그 와중에 소매치기를 하다 들킨 이와 격투를 벌이는 사람도 있었다. 영화를 보고 나온 기생들은 서둘러 인력거를 탔다. 전문학교 옷을 입은 남자와 팔짱을 끼고 걸어가는 여학생은 민주사의 첩 안성댁을 닮았다. 우미관 앞에서 송기떡을 파는 노파는 좌판을 정리하는 중이었다. 골목 밖으로 보이는 종로 거리는 야시장 불빛으로 일렁거렸다.

춘심이와 경손이는 풍미당 2층 창가에 자리를 잡았다. 테이블에

건축, 근대소설을 거닐다

는 우동 한 그릇과 국화빵 한 접시가 손도 대지 않은 채 놓여 있었다. 경손이는 쭈뼛쭈뼛 품속에서 작은 상자 하나를 꺼냈다. 낮에 화신백화점에서 산 코티 콤팩트였다. 윤 직원의 딸 돈을 슬쩍해 산 것이지만, 살 때만큼은 춘심이를 생각하는 마음이 간절했다. 약속이나 한 듯 춘심이도 뭔가를 경손이에게 건넸다. 경손이와 춘심이의 이름을 수놓은 손수건이었다. 권번 기생 언니에게 떼를 써서 얻은 손수건이지만, 수를 놓을 때만큼은 춘심이가 경손이를 생각하는 마음은 진지했다.

1912년 관철동에 일본인 하야시다 긴지로가 세운 우미관(위)은
벽돌로 지은 2층 건물로, 조선인 변사만 두고 조선말로 무성영화를
해설하는 상설 영화관이었다.
동양극장(아래)은 서대문 네거리에서 조선인 부부가 운영한 연극 전용
극장으로, 최신식 회전무대와 조명시설을 완비하고 배우에게 전속제와
월급제를 보장하는 등 우리나라 연극계에 여러모로 공헌했다.

1910년대에 조선인이 가장 즐겨 찾던 영화관 우미관은
1918년 단성사가 상설 영화관으로 바뀌고
1922년 조선극장이 들어서면서 경쟁력이 떨어졌다.
단성사는 불세출의 흥행사 박승필이 이끌었고
조선극장은 시설 면에서 우미관보다 훨씬 좋았기 때문이다.
1930년대가 되면 명치좌, 황금좌, 부민관 등 최신식 극장들이
속속 등장하면서 단성사와 조선극장은 2류 극장,
우미관은 3류 극장 취급을 받았다.
1936년 준공된 황금좌(아래)는 명치좌와 단성사를 설계한
다마타 기쓰지의 작품으로, 몸통은 서구 고전주의 양식인데
지붕에는 일본식 기와를 올렸다.
해방 후 국도극장으로 사용되었다가 1999년 철거되었다.

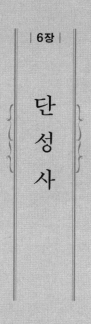

| 6장 |

단
성
사

서 참위의 회한

우미관에서 동대문 방향으로 조금만 걸어가면 대각선 쪽으로 탑골공원이 있었다. 그곳에서 좀더 가면 종묘 못 미처 단성사가 나왔다. 단성사는 1907년 6월 4일 경성의 실업가 세 사람이 설립한 극장이었다. 조선의 연예를 발전시키고 극장 수익을 교육과 자선사업에 투자하겠다고 했지만 뜻대로 되지는 않았다.

거창한 포부에 비해 건물은 초라했다. 가건물을 겨우 면한 바라크식 2층 목조 건물에 관람석은 고작 350석에 불과했다. 건물이 어찌나 부실한지 관객이 계단을 오르다 바닥이 푹 꺼져 나뒹굴었고 2층에서 1층으로 굴러떨어지기도 했다. 그런 곳에서 판소리, 민요, 민속 무용, 전통음악, 재담, 무속 같은 전통연희가 공연되었다.

상류층 인사들의 연회나 기부금 마련을 위한 자선 공연장으로 활용되다 보니 이용 계층과 용도가 한정되어 수익은커녕 문을 닫아두는 날이 많았다. 무엇보다 관람 문화가 아직 형성되지 않던 때라서 무언가를 보기 위해 정해진 시간에 정해진 장소에 가서 따로 돈까지 내며 보는 것이 생소했다. 그때까지 사람들 대부분은 오며가며 시장 어귀나 공터에서 공짜로 구경하는 데에 익숙했던 것이다. 단성사의 경영난이 계속되자 주인은 수시로 바뀌었고, 겨우겨우 단기 임대로 운영되긴 했지만 얼마 못 가 폐관될 거라는 소문이 돌았다.[1]

서 참위가 단성사에 처음 간 것은 그 무렵이었다. 군대 해산 뒤 마음을 잡지 못하고 한참을 방황했을 때 갑자기 어디론가 도망치고 싶은 마음에 아무 생각 없이 들어간 곳이 단성사였다. 그때 단성사에서는 청나라 광대가 찢어지는 소리로 노래를 부르고 있었다.

'청나라, 만주…'

궁시렁거리며 구경하는 서 참위의 머릿속에 불현듯 떠오르는 얼굴이 있었다. 신팔균, 이장녕 그리고 이충순. 모두 서 참위와 같은 육군무관학교 출신 대한제국 장교였다. 서 참위는 그동안 외면하고 거부했던 기억 속으로 서서히 빨려 들어갔다. 숨소리가 점점 가빠지고 얼굴이 구겨졌다.

1907년 8월 1일 아침, 서 참위 대대는 도수훈련을 한다는 명령에 따라 맨손으로 동대문 훈련원(지금의 국립의료원·훈련원공원 터)으로

건축, 근대소설을 거닐다

갔다. 그러나 그것은 대한제국 군대를 강제 해산시키려는 일본의 속임수였다. 이미 일본군 부대는 기관총으로 중무장한 채 훈련원을 이중·삼중으로 포위했고, 대한제국 군인들은 졸지에 치욕의 해산식에 참가하게 되었다.

그런데 아직 훈련원에 도착하지 않은 대대가 있었다. 제1연대 제1대대와 제2연대 제1대대 1200여 명. 그들은 박승환 대대장의 자결을 도화선으로 무기고를 부수고 무기를 꺼내 시가전을 벌이며 봉기했다. 남대문에서 서대문에 이르는 길이 피바다가 될 정도로 치열하고 처절한 싸움이었다. 그때 이충순은 서소문 전투에서 부상을 입고 체포당하기 직전 자결했다.

결국 대한제국 군대는 해산되었고 황실을 호위하는 근위대만 편제되었다. 신팔균, 이장녕과 서 참위는 근위대에 입대하라는 명령을 받았지만, 이장녕은 입대를 거부하고 가족을 데리고 만주로 떠났다. 신팔균과 서 참위는 입대를 선택했다. 신팔균은 근위대에서 복무하다 육군 정위로 진급했지만 이름뿐인 군대와 몰락하는 국운을 참지 못하고 군복을 벗었다. 처음에는 항일애국사상을 고취시킨다며 학교를 설립하고 의병부대와 항일운동을 준비했지만 결국 만주로 망명했다. 그 뒤 신팔균과 이장녕은 만주에서 망명 인사들과 독립운동기지를 건설하며 독립군 양성에 뛰어들었다.

서 참위는 신팔균보다 일 년 더 근위대에 있다가 경술국치를 앞두고 그만두었다. 신팔균이나 이장녕과 달리 서 참위는 가족의 안전을 끝끝내 뿌리치지 못했다. 만일 자신도 남대문이나 서소문 전투에 참가했다면, 그래서 눈앞에서 죽어가는 전우를 봤다면 다른 선택을 했을까? 서 참위는 가끔 자문해보았지만 솔직히 자신이 없었다.

사실 서 참위는 그날 총소리를 들었다. 거리가 피로 물드는 시가전에서 터져 나오는 총소리를 들으며 군대 해산식에 참석했던 것이다. 스스로 더 부끄러운 것은, 그래서 서 참위가 죽도록 잊으려 했던 장면인데, 밖에서 동료들이 죽어나가는 와중에 해산식에서 은사금이란 명목으로 돈까지 받은 것이다. 그 돈으로 서 참위의 가족은 밥을 해먹었고, 그 일은 두고두고 서 참위의 머릿속에 치욕의 문신으로 남았다. 서 참위는 근위대에 있는 동안 옛 동료들을 피했고, 가족을 부양하면서도 가족을 원망하며 자학의 늪에서 허덕거렸다.

청나라 광대의 공연은 절정으로 치닫는지 무대는 금속성 소리로 찢어질 것만 같았다. 아주 맵고 뾰족한 이국의 소음은 마치 혼령을 불러내는 무당의 굿판이 된 듯, 서 참위의 눈앞에 이충순, 신팔균, 이장녕이 나타났다. 이미 자신의 무의식에 도취된 서 참위는 세 사람 앞에 몸을 던져 뒹굴며 용서를 빌었다.

'우르르 쾅쾅.'

자신의 몸속에서 둑이 터지는 소리가 들렸다. 눈물이 폭포수처럼 쏟아졌다. 간질병 발작이 일어난 듯 온몸을 떨어대더니 '툭' 한순간에 조용해졌다.

얼마나 시간이 흘렀을까. 눈을 뜬 서 참위 위로 청나라 광대들이

둥그렇게 모여 서 참위를 내려다보고 있었다. 광대들의 표정은 저마다 달랐다. 눈에 쌍심지를 켠 사람, 무색무취의 표정을 한 사람, 괜찮다는 듯 조용히 고개를 끄덕이는 사람… 객석에 드문드문 앉아 있던 사람들은 온데간데없고 무대 위에는 중국 악기들이 여기저기 흩어져 있었다. 서 참위는 퍼뜩 자신의 잘못을 깨닫고 벌떡 일어났다. 두 손을 마주 잡고 청나라 광대들에게 연신 고개를 숙이며 사과한 뒤 빠져나오는데, 뭔가 엄청 가벼워진 느낌이 들었다. 두 팔을 활짝 벌리면 공기 중으로 붕붕 뜰 것만 같았다. 그리고 희한하게 살 것 같았다. 그날 서 참위는 인생의 바닥을 쳤다.

얼마 후 1913년 단성사 건물이 헐렸다. 단성사를 인수한 새 주인은 그 자리에 건축비 1만 1000원을 들여 6개월 만에 관객 1000명이 들어갈 극장을 지었다. 1914년 1월 준공된 건물은 외관은 서양풍인데 실내는 일본식으로 꾸몄다. 상등석에 다다미를 깔고 하등석에 여러 명이 앉는 장의자를 두었다. 신축이지만 그다지 고급스런 시설은 아니었고 규모도 크지 않아서 6개월 뒤에 다시 증축공사를 했다.[2]

그래도 신축 효과는 있었다. 개관을 하자 구경하러 몰려든 관중들로 아수라장이 되었다. 그러나 그것도 잠시, 영업 수준은 금방 예전으로 돌아갔고, 설상가상 이듬해 2월에는 극장 매점에서 화재가 발생해 다다미가 소실되는 등 큰 피해를 입었다. 이제 단성사가 바닥을 칠 차례였다.

1917년 새로 단성사를 인수한 사람은 일본인 다무라 요시지로田

村義次郎였다. 다무라는 동경제국대학에서 법학을 전공하고 일본 대장성에서 일하다가 만주와 대만에서 경제 전문가로 활동했다. 조선에 온 것은 1904년, 그때부터 다무라는 극장을 사들였다. 남촌의 상설 영화관 황금관과 대정관만이 아니라 조선의 전통연희를 공연하는 광무대와 단성사까지 매입했다.

다무라는 극장을 소유하되 운영은 전문 흥행사에게 맡겼다. 단성사를 상설 영화관으로 바꾸기로 정한 뒤 운영권은 조선인 박승필에게 넘겼다. 그동안 광무대를 운영해온 박승필은 기발한 발상과 뛰어난 사업 수완을 가진 불세출의 흥행사였다. 남촌이든 북촌이든 극장의 실소유주가 모두 일본인인 상황에서 조선인 박승필은 어떻게 단성사를 운영했을까.

박승필은 단성사를 3층 벽돌 건물로 개축하고 대형 영화 배급사들과 영화 공급계약을 맺었다. 최고의 인기를 누리던 변사들을 데려오고, 남다른 홍보를 위해 작가까지 고용했다. 또 관객의 관심을 끌려고 독특한 행사를 기획하기도 했다. 드디어 1918년 12월 21일, 단성사는 상설 영화관으로 개관했다. 그런데 박승필의 포부는 최고의 수입이 아니었다. 당대 최고의 흥행사 박승필은 일본인 소유의 영화관에서 조선영화를 개척하기 시작했다.

1919년 단성사는 처음으로 '연쇄극' 〈의리적 구토〉를 선보였다. 연쇄극은 신파극도 영화도 아니고, 공연인지 상영인지 딱 부러지게 말할 수 없는 새로운 형식이었다. '연쇄'라는 말처럼 연극과 영화가 계속 이어지는 형식이었다. 연극을 하다가 무대에서 표현할 수 없는 장면이 필요하면 배우가 퇴장하고 영사막이 내려오면서 무성영화 장면이 나오고, 다시 영사막이 올라가면 무대 위에 배우가 등장해 연극으로 이어가는 식이었다.

박승필이 기획과 제작을 맡고 신파극단의 김도산이 감독한 〈의리적 구토〉는 대성공이었다. 특등석 1원 50전, 1등석 1원, 2등석 60전, 3등석 40전으로, 다른 영화관보다 훨씬 비싼 관람료였지만 조선인들이 줄을 서가며 봤다. 〈의리적 구토〉가 성공하면서 그동안 침체되었던 신파극도 새로운 돌파구를 찾았다. 〈의리적 구토〉가 단성사에서 개봉된 1919년 10월 27일은 훗날 '한국영화의 날'로 지정되었다. 그런데 1923년에는 황금관과 조선극장을 운영하던 일본인이 〈춘향전〉을 상업영화로 만들었다. 여기에 자극받은 박승필은 단성사에 촬영부를 설립한 뒤 제작, 출연, 기획, 감독, 촬영 모두를 조선인에게 맡기고 〈장화홍련전〉을 만들었다. 1924년 단성사에서 〈장화홍련전〉이 개봉되자 조선에 상설 영화관이 생긴 이래 대성황을 이루었다.[3]

1926년에는 단성사에서 무성영화의 걸작인 나운규 원작·감독·주연의 〈아리랑〉이 개봉되었는데, 작품 전체에 흐르는 저항의식과 은유적이고 파격적 표현 기법은 극장가를 뜨겁게 달구었다. 〈아리랑〉을 보려고 단성사 앞에 사람들이 구름처럼 몰려와 문이 부서지자 기마순사가 동원되기도 했다. 단성사에서 개봉된 〈아리랑〉은 전국 방방곡곡으로 퍼져나갔는데, 영화관이 없는 시골에서는 가설극장을 설치해 관객을 끌어들였다. 나운규는 〈아리랑〉으로 무명 배우에서 무성영화 전성기를 이끈 최고의 스타가 되었다. 그런 나운규에게 재정적 후원을 해준 사람이 박승필이었다.

이처럼 초창기 조선영화의 굵직한 역사 뒤에는 박승필과 단성사가 있었다. 박승필은 일본인 소유의 단성사에서 영화 기획부터 투자, 제작, 인재 양성을 함으로써 조선인이 영화를 만들 수 있도록 토대를 마련했다. 나중에는 단성사에서 전통연희와 신파극도 올렸다. 과거 광무대를 운영했던 박승필의 전통예술에 대한 남다른 애정 때문이었다.

단성사가 박승필이라는 날개를 달고 날아오르는 동안 서 참위의 형편도 차츰 좋아졌다. 경성에 이주자들이 급증하면서 복덕방 수입이 늘어난 것이다. 돈과 사람과 문화는 함께 움직였다. 극장도 많아지고 새 건물도 쑥쑥 올라갔다. 서 참위는 집도 사고 땅도 사고 세도 놓았다. 서 참위는 우미관보다 단성사가 좋았다. 더 정확하게 말하면 박승필이 운영하는 단성사가 좋았다. 극장 주인은 일본인인데 극장의 역사를 만드는 사람은 조선인이라는 사실이 뭉클했던 것이다. 서 참위는 자신보다 일곱 살 많은 박승필이 단성사에서 신파극을 변화시키고, 영화를 만들고, 전통예술까지 지켜가는 모습을 보며 문득 깨달았다.

'저것도 투쟁이다!'

발상의 전환은 새로운 희망을 품게 했다. 무기로 하는 전투만 투

건축, 근대소설을 거닐다

쟁으로 여겼던 군인 출신 서 참위는 다른 방식으로도 투쟁할 수 있다는 생각을 하게 되었다. 의병에 뛰어들지 못한 것, 만주로 떠나지 못한 것에 대한 후회와 자책을 덜 수 있을 것 같았다. 자신이 발 디딘 자리에서 자신이 할 수 있는 방식으로 싸울 수 있겠다 싶었다. 그것은 자신의 현실을 좀더 적극적으로 인정하는 것이었고, 달리 말하면 자기 긍정의 단계였다. 서 참위는 그 기분을 느끼려고 단성사로 향했다. 그리고 개가죽을 쓴 채 "유리병" "간장통" "신문" "잡지"를 외치며 돌아다니고 있을 김 참위를 찾아가보기로 했다.

1932년 1월 4일 새벽 1시, 박승필이 향년 58세로 세상을 떠났다. 신문마다 부고가 나왔다.

"조선 흥행계의 원로 박승필씨 영면, 사인은 숙환."

8일 오전 8시 종로통 6정목 94번지 주택에서 출관한 행렬은 단성사 앞 광장에서 멈추었다. 그날 단성사는 임시 휴관을 하고 최초의 극장장인 단성사장團成社葬을 거행했다.

박승필의 갑작스런 죽음 이후 단성사는 내리막길을 걷기 시작했다. 박승필을 대신할 인물이 없어서라기보다 박승필이 전성기를 누렸던 무성영화 시대가 저물었기 때문이다. 새롭게 등장한 발성영화는 카메라와 녹음기만 있다고 되는 일이 아니었다. 동시녹음이 가능한 스튜디오와 현상 인화 같은 후반 작업을 위한 설비도 갖추어야 했다. 더 전문화된 인력과 더 체계적인 기업과 더 큰 자본이 필요했다. 전문 기술과 장비, 대자본이 없으면 발성영화를 만들 수 없었다.

박승필처럼 한 사람이 경영자와 제작자, 상영주와 배급업자 역할을 할 수 있는 시스템이 아니었던 것이다.[4] 발성영화는 중소 영화사가 도태되고 대형 영화사만 살아남을 수 있는 구조였다. 가뜩이나 자본과 기술이 부족했던 조선 영화인들은 더 불리한 상황으로 내몰렸다. 특히 무성영화에 치중해온 단성사의 타격이 컸다. 단성사는 위기를 타개하려고 발성영화용 영화관을 짓기로 했다.

설계를 맡은 사람은 일본인 다마타 기쓰지玉田橋治였다. 다마타는 일본에서 소학교를 졸업하고 목수 일을 하다가 측량 일을 겸하면서 2년제 야간 공학교에서 건축을 배웠다. 조선에는 미쓰코시백화점 경성지점 신축공사 현장감독을 맡으면서 오게 되었다. 다마타는 미쓰코시백화점이 준공된 뒤에도 귀국하지 않고 경성에 남아 자신의 건축사무소를 차렸다. 조선으로 이주하는 일본인 중에는 관리나 군인 외에 하층민도 많았다. 그들에게 조선은 기회의 땅이었다. 다마타도 그랬다. 단성사 설계는 다마타에게 인생의 전환점이 되었다. 단성사(1934)를 설계한 뒤 동양극장(1935), 명치좌(1936), 황금좌(1936), 부산 동래관(1938) 등 조선 각지에서 극장 설계 의뢰가 들어왔다. 다마타가 설계한 단성사는 1934년 5월 11일에 착공해 그해 12월 21일에 낙성식을 거행했다. 〈동아일보〉는 총공사비 10만 원을 들여 400평 대지에 1200석을 수용하는 지하 1층, 지상 3층 건물이라고 소개하면서, 특히 난방 장치와 무대 방음 장치가 완전하다고 강조했다.[5]

난방과 방음 장치를 강조한 것은 그만한 이유가 있었다. 그동안 극장들은 새로운 볼거리는 제공했지만 냉난방, 환기, 방음, 위생 문제는 엉망이었다. 화장실은 불결하고 악취가 진동했고, 1000여 명이 한꺼번에 들어가는 단일 상영관에는 환기 시설이 없어 몸 냄새와 담배 냄새로 숨이 막혔다. 오죽하면 극장의 실내 공기가 나쁘니 아이를 데리고 영화관에 출입하지 말라는 신문기사까지 나왔을까. 냉난방 장치도 없어서 여름에는 쪄 죽고 겨울에는 얼어 죽는다고도 했다. 물론 영화관들은 냉난방 장치를 다 갖추었다고 선전했지만, 실상은 난로와 선풍기 몇 대가 전부였다. 그것마저 비용 절감을 위해 제대로 가동하지 않았다. 상등석에 앉는 사람에게는 따로 난로를 피워주기도 했는데, 그러면 또 주변에서 불평이 쏟아져 나왔다. 극장에 온 건지 도떼기시장에 와 있는 건지, 아무튼 극장은 눈은 즐거운데 코와 귀는 괴로운 공간이었다. 그런 상황에서 새로 지은 단성사가 1000석이 넘는 좌석에 난방과 방음 장치를 갖췄다는 것은 대단한 차별성이었고 사람들에게 가장 와닿는 홍보였다.

다마타가 설계한 단성사는 1930년대에 유행하던 모더니즘 스타일이었다. 장식 없이 단순한 형태에 기하학적 모양의 창문으로 입면을 구성했다. 벽면을 부분적으로 돌출시키거나 후퇴시켜 음영으로 변화와 입체감을 주었다. 외벽은 타일과 모르타르로 마감했고 실내는 회벽칠을 했다. 실내 공간은 크게 홀, 복도, 관람장으로 구성되었는데, 1층 출입구로 들어가면 중앙에 홀이 있고 좌우에 계단실이 있었다. 중앙 홀에서 직진하면 관람장이 나오는데 1층부터 3층까지 세 개 층으로 이루어졌다. 1층 관람석에는 여럿이 앉을 수 있는 장의자가 놓였고 2~3층에는 개별 의자가 설치되었다. 실내 분위기와 가구도 건물 외관처럼 깔끔한 모던풍으로 통일되었다.

이런 분위기는 일 년 후에 준공되는 부민관과 비슷했다. 차이가 있다면 부민관은 시계탑을 높이 올려 다소 위압적인 분위기였고, 단성사는 건물을 여러 덩어리로 나누고 기하학적으로 구성해 아기자기한 느낌이었다. 그 차이는 관공사와 민간공사의 차이이기도 했다. 준공 시기는 단성사가 1934년 12월, 부민관이 1935년 12월이었다. 비슷한 시기에 둘 다 일본인 건축가가 일본 사례를 참고해 설계한 만큼 당시 일본 문화시설의 경향을 엿볼 수 있다.

서 참위는 박승필이 세상을 떠난 뒤로 단성사 가는 일이 뜸해졌다. 발성영화를 위해 지은 새 건물이 들어선 뒤로는 더 띄엄띄엄 가다가 결국 발길을 끊었다. 건물 시설은 좋아졌지만 서 참위는 도무지 발성영화에 적응할 수 없었다. 발성영화를 보고 나면 어쩐지 무기력해지고 때로는 우울하기까지 했다.

무성영화의 재미는 변사가 조선말로 하는 해설에 있었다. 변사의 해설은 때로는 주관적이고 때로는 쇼 같았다. 또 때로는 관객의 요구를 대신 표현했다. 어제와 오늘 상영하는 무성영화가 같을지라도 오늘 낮에 종로경찰서에서 폭탄이 터졌다면 그날 변사의 목소리와 해설은 달라졌다. 관객과 변사가 즉흥적으로 상호작용해 화면은 할리우드 영화인데 대사 내용은 항일이었다. 그렇게 관객도 변사도 울고 웃으며 그날의 역사를 위로했다. 나운규의 〈아리랑〉이 상영되었을 때는 변사가 나라 잃은 젊은이의 슬픔을 얼마나 절절하게 해설하는지 그 자리에 임검 나간 일본 순사가 변사를 무대에서 끌어내린 적도 있었다.

발성영화는 그런 즉흥적 변주의 맛도 짜릿한 긴장감도 없었다. 발성영화를 보는 동안 관객은 너무 바쁘고 피곤해졌다. 영어, 불어, 독어 등 원어 음향이 쾅쾅 나오는데 일본어 자막은 독해할 수 없었다. 그래서 극장에서는 발성영화에 변사 해설을 붙였다. 그 결과는 끔찍했다. 관객의 귀는 동시에 떠들어대는 원어 음향과 해설자 설명으로 고막이 먹먹해졌고, 관객의 눈은 영화 장면과 알지도 못하는 일본어 자막 사이를 정신없이 오갔다. 그런 모습을 보고 심훈은 조선의 영화팬처럼 가엾은 존재가 없다며 개탄했다. 어쩔 수 없이 발성영화를 무성영화처럼 상영해야 하는 상황은 초라했다. 무성영화는 낡고 저급하며 싸구려라는 인식 속에서 과거 조선인 극장을 선도했던 단성사에 대한 조롱과 비난이 일었다.[6]

박승필이 죽은 지 7년, 새 건물이 지어진 지 5년 뒤인 1939년 단성사는 명치좌를 운영하던 이시바시 료스케石橋良介에게 넘어갔다. 이시바시는 단성사 이름을 대륙극장으로 바꾸고 명치좌의 자매관으로 삼았다.

1934년의 단성사 내외부.
1907년 바라크식 2층 목조 건물로 설립된 단성사는 몇 차례
증개축을 거쳐 1934년 일본인 다마타 기쓰지의 설계로 준공되었다.
1930년대에 유행하던 모더니즘 스타일로 지었는데,
외벽은 타일과 모르타르로 마감했고 실내는 회벽칠을 했다.
실내 공간은 크게 홀, 복도, 관람장으로 구성되었다.

MEIZIZA THEATRE, KEIZYO, TYOSEN.
京城名所 【文化式建築の明眠座】

단성사는 1930년대 이후 경영난에 시달리다가 결국 1939년 명치좌에
인수된 뒤 '대륙극장'으로 이름이 바뀌고 명치좌의 자매관으로 사용되었다.
명치좌는 단성사를 설계한 다마타 기쓰지의 작품으로, 1936년 준공되었다.
모던한 단성사와 달리 서구 고전주의 양식 분위기가 나는
건물로 현재 명동예술극장으로 사용되고 있다.

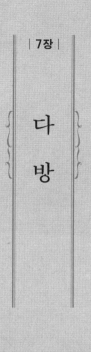

| 7장 |

다
방

가난한 예술가의 로망과 고독

'방란장'은 가난한 젊은 화가가 개업한 다방이었다. 300원 남짓한 돈으로 시작했기에 찻집다운 실내장식은 생각할 수도 없었다. 주인이 화가라서 장식이라야 결코 팔리지 않는 유화 몇 점을 벽에 걸어 놓은 게 다였다. 탁자, 의자, 축음기, 레코드, 재떨이, 화분 등 다방 필수품들은 소박하기 짝이 없거나 지인들에게 기부받은 것들이었다. 딱 한 명 고용한 여종업원은 조금도 예쁘지 않고 애교도 없고 분위기마저 나지 않았다. 그저 성실하기만 할 뿐이었다. 물장사도 장사라면 장사인데 방란장은 모양새도 주인도 종업원도 하나같이 돈벌이와는 거리가 멀었다.

사실 젊은 화가는 다방으로 한밑천 잡을 생각은 꿈도 꾸지 않았다. 그저 한동네에 사는 가난한 예술가들이 모이는 구락부 역할만 하기를 바랐다. 먹고사는 문제는 차 한 잔씩 팔아 담배 한 갑 사고 술 한 잔 팔아 쌀 한 되 사는 식으로, 그렇게만 된다면 좋겠다 싶었다.

그런데 개업한 당일부터 밤낮없이 손님들이 오는 게 아닌가. 대체 이 사람들이 방란장의 무엇을 보고 오는 것인지 방란장 주인조차 아무리 생각해봐도 알 수 없었다. 그나마 겨우 짐작한 것이 '아무것도 없는 소박함'이었다. 북촌의 유흥가인 종로 뒷골목에 있으면서 시끌벅적한 종로 분위기와는 전혀 다른, 어떤 결핍이 주는 차분함이 오히려 특색이 되었다고 방란장에 모인 예술가들은 입을 모았다.

물론 그것은 순전히 착각이었다. 바로 다음 달부터 방란장의 영업 실적이 뚝뚝 떨어졌기 때문이다. 방란장의 예술가들은 또 그 원인을 찾아보았다. 설마 그동안 손님이 많았던 것이 그저 단순한 호기심이었을까? 그래서 이제는 싫증났다는 말인가? 예술가들이 그 대책을 세우기도 전에 인근에 1700원 들인 진짜 다방 같은 다방이 생겨 그나마 방란장에 오던 손님들도 빼앗아갔다. 말이 씨가 된다더니 그때부터 방란장은 진짜 한동네에 사는 가난한 예술가들이 모이는 구락부가 되었다.

그래도 어찌어찌 운영을 하면서 2년쯤 버텼을 때 빚쟁이들이 찾아오기 시작했다. 비로소 방란장 주인은 그동안 쌓인 부채가 막연하게 생각한 것보다 엄청나게 많다는 것을 알게 되었다. 어디 부채뿐인가.

건축, 근대소설을 거닐다

밀린 집세, 식료품점 외상, 전기세, 가스값 그리고 묵묵하게 일해 온 여종업원 월급까지…. 나중에는 집주인까지 찾아와 무슨 소송을 하겠다며 아침부터 방란장에 버티고 앉았다.

이제 결론을 내려야 할 때였다.

'밤낮 밑지는 장사를 언제까지 붙잡고 있을 것인가. 이참에 시원하게 엎어버리자. 아직 건강한 몸뚱이가 있으니 설마 굶어죽으랴.'

고민에 지칠 대로 지쳐 도달한 결론은 단순했다. 깨끗하게 포기하고 나니 그렇게 평화로울 수가 없었다.

'그런데 여종업원 미사에는?'

불현듯 떠오른 생각이 발목을 잡았다. 다방을 처분하면 미사에는 돌아갈 집도, 부모도, 형제도, 아무것도 없는 처지가 된다. 안 그래도 방란장 주인은 얼마 전 미사에에게 어디 다른 데 일자리를 구해보라고 한 적이 있었다. 개업할 때부터 우직하게 일해 온 시골 처녀는 금방 울음이라도 터질 듯한 얼굴로 자기가 무슨 큰 잘못이라도 했냐며 무조건 사과를 했다. 그런 미사에를 어떻게 해야 할 것인지 방란장 주인은 다시 암담해졌다.

방란장처럼 가난한 예술가가 예술인 구락부를 꿈꾸고 차렸다가 망한 다방은 많았다. 화신백화점이 있는 종로 네거리에서 서대문 방향으로 조금만 걸어가면 다방 '제비'가 있었다. '제비'는 시인 이상이 1933년 스물넷 나이에 집을 판 돈으로 차린 다방이었다. 그 전에 이상은 경성고등공업학교 건축과를 수석으로 졸업하고 조선총독부에

서 건축 기수로 일했다. 그러다 각혈을 하면서 퇴직을 했는데, '제비'
는 이상이 건축가의 경험을 살려 직접 설계하고 꾸민 것이었다.

이상은 건물 남쪽인 종로 대로변으로 난 창을 뜯어내고 바둑판
모양의 네모난 창틀을 해 넣었다. 실내는 사방이 흰 벽이고 아무런
장식도 없이 동쪽 벽에 커다란 초상화만 덩그렇게 걸어놓았다. 30호
가량 되는 초상화는 황색 계통의 유화였는데, 이상이 경성고등공업
학교 건축과 학생 시절 조선미술전람회鮮展에 출품해 입선한 작품이
었다. 다방 필수품이자 장식품인 커다란 축음기는 없었다. 대신 서쪽
벽 구석에 조그만 테이블을 놓고 헐어빠진 포터블 축음기를 올려놓
았다. 아무래도 '제비'의 인테리어는 가난한 예술가들의 구락부를 꿈
꾼 방란장과 무척이나 닮았다.[1]

다방 '제비'에서 이상의 모더니스트 감각이 가장 잘 표현된 곳은
남쪽 벽면을 차지하는 바둑판 모양의 창틀이었다. 예전에 이상은 건
축 잡지 〈조선과 건축朝鮮と建築〉 표지 디자인 현상공모에서 입상한
적이 있다. '제비'의 창문은 입상작의 기하학적인 디자인처럼, 혹은
추상화가 몬드리안이 구사한 직선과 직각처럼 군더더기 없이 깔끔했
다. 큼직하고 네모반듯한 창틀과 두꺼운 유리는 한옥 상가들 사이에
서 상당히 이색적이었다. 도로를 지나는 사람들은 저마다 눈길을 보
냈고, 다방 안에서 커피를 마시던 사람들은 그 투명한 유리창을 통
해 도시의 만화경을 관찰했다.

작지만 독특했던 그 공간은 툭하면 집세가 밀려 우편으로 내용증

명 서류가 왔다. 명색이 차를 파는 다방인데 돈이 없어 차가 없었고 친한 문인 외엔 손님도 없었다. 결국 마담으로 앉혔던 기생 금홍이와 숱한 사연을 남긴 채 2년 만에 문을 닫고 말았다. 이상은 다방을 운영할 체질도 능력도 없었지만 그 후에도 '쯔루鶴' '69' '무기麥'라는 이름으로 여러 차례 다방을 열었고 모두 실패했다.

차를 팔고 마시는 장소로서 다방이 본격적으로 등장한 것은 커피가 보급되면서부터였다. 커피는 구한말 서양인을 통해 들어와 왕실에서, 정부 고관을 비롯해 부유층에서 즐겨 마셨다. 커피가 대중에게 선보인 것은 호텔 다방에서 커피를 팔기 시작하면서다. 개항 직후 일본인이 인천에 세운 대불호텔, 정동의 손탁호텔, 소공동의 조선호텔 다방이 대표적이었다. 서양식 건물 호텔에서 소비되는 수입품 커피는 상류층의 사교생활과 선진적인 서구 문물을 상징했다.

호텔식 다방 말고 근대적인 다방은 1923년경 일본인이 본정(지금의 충무로)에 개업한 '후다미二見'가 원조였다. 조선인이 처음으로 개업한 다방은 1927년 영화감독 이경손이 하와이에서 데려온 여인과 관훈동에서 열었던 '카카듀'였다. 프랑스의 비밀 아지트 이름을 따서 지었다는 '카카듀'는 3층 벽돌 건물에 실내는 신비한 분위기의 인도풍이었다. '카카듀' 다음으로는 1929년경, 일본 미술학교를 졸업하고 영화배우를 하던 김인규가 종로 YMCA 회관 근처에 '멕시코'를 열었다.

1930년대에는 더 많은 예술인이 다방을 개업했다. 동경 우에노上野미술학교를 졸업한 이순석은 소공동에 '낙랑파라'를, 앞서 말했듯 경성고등공업학교 건축과 출신의 시인 이상은 종로에 '제비', 인사동에 '쓰루', 종로 광교 다리 근처에 '69', 명동에 '무기'를, 극작가 유치진은 소공동에 '프라타나(플라타너스)'(지금의 한국은행 근처)를, 영화배우 복혜숙은 인사동 입구에 '비너스'를, 영화감독 방한준은 명동에 '라일락'을 열었다. 음악평론가 김관도 명동에 명곡다방으로 유명한 '에리제'를 열었다가 '모나리자'로 개명했다.[2]

서양 문물을 경험한 해외유학파나 문화 예술인들은 유럽의 살롱 문화에 대한 로망과 서양 문화에 대한 동경을 다방 이름과 인테리어로 표현했다. 카카듀, 멕시코, 비너스, 프라타나, 에리제, 모나리자, 라일락, 돌체, 오리온, 하리우드…. 모두 이국적인 이름이었다. 소공동에 있던 다방 '나전구'의 광고 문구는 "불란서 취미" "커피와 명곡"이었다. '미모사'의 실내 분위기는 프랑스풍이었고, '트로이카'는 러시아풍 그리고 '위'는 독일풍이었다.

예민한 예술가들은 다방을 '차만 파는 다방'과 '차를 마시는 기분을 파는 다방'으로 분류했다. '차만 파는 다방'은 개방적이고 명랑한 분위기에 찻값이 쌌지만 명곡 음반은 없었다. 급사는 남자아이이고 단골손님은 주로 상인, 관리, 회사원이었다. 반면 '차를 마시는 기분을 파는 다방'은 귀족적이고 폐쇄적이며 고답적인 분위기였다. 베토벤이나 모차르트 같은 서양 고전음악을 들려주는 대신 찻값이 비쌌고, 주로 예술가, 길거리 철학자, 실업자, 여급, 대학생이 드나들었다. 물론 예술가들이 원하는 다방은 '차만 파는 다방'이 아니라 '차를 마

시는 기분을 파는 다방'이었고, 그런 다방은 문화공간을 지향했다.[3]

방란장과 제비처럼 개업했다가 자금난으로 폐업하는 경우는 수두룩했다. '카카듀'만 해도 개업한 지 몇 개월 만에 문을 닫고 이경손은 상하이로 떠났다. 그나마 형편이 나은 곳은 '낙랑파라'였다. '낙랑파라'는 입지 조건부터 여느 조선인 예술가가 개업한 다방과 달랐다. 북촌의 종로가 아니라 남촌의 일본인 상가 지역이었다. 지금의 서울광장 앞 더플라자 자리쯤인데, 맞은편에 새 경성부청이 있었고 주변에는 조선호텔, 식산은행, 조선은행, 조지아백화점, 경성우편국과 미쓰코시백화점 등이 자리했다.

낙랑파라는 2층짜리 건물의 1층이었는데, 2층은 우에노미술학교를 졸업한 다방 주인 이순석의 화실이었다. 다방 입구에는 어느 남국에서 온 듯한 키 큰 파초가 이국적인 정취를 자아냈다. 서양 예술가의 사진과 데생용 석고상으로 꾸민 실내는 고급스러운 화실 분위기였다. 다방 '제비'처럼 낙랑파라에도 독특한 창문이 있었다. 가로 180센티미터, 세로 45센티미터 크기의 가로변이 긴 수평 창문인데, 그 자리에 앉아 있으면 바깥 도시 풍경이 한눈에 들어왔다.[4]

건물 1층이 다방이고 2층이 화실인 낙랑파라는 전시회나 연주회를 열기에 좋았다. 화가 구본웅의 개인전을 비롯해 여러 시인의 출판기념회가 열렸고, 문인들이 모여 '시성 괴테' 백년기념제도 개최했다. 낙랑파라 근처에는 음반회사 '빅터'와 '콜럼비아'가 있어서 금요일 밤마다 신곡 연주회가 열리기도 했다. 또 영화도 상영했고 영화인들의 비평회 장소로도 이용되었다. '구인회' 같은 문화예술인들의 구락부 역할도 톡톡히 했다. 낙랑파라는 문화행사만이 아니라 사색을 하고 글을 쓰는 이들의 창작 공간이기도 했다.

낙랑파라에는 차와 담배 연기와 케이크가 있었고 베토벤과 모차르트 음악이 흘렀다. '차를 마시는 기분'을 사는 대가로 돈 25전이나 50전을 내어도 아깝지 않았다. 소설가 구보는 하루에 낙랑파라를 네 번이나 들렀으며, 소설가 이선희는 낙랑파라에 들어서는 순간 프랑스 파리의 사교장에 온 듯한 기분이라고 했다. 문인과 화가부터 신문기자, 배우, 음악가, 은행원과 교사들, 때로는 일본인들까지 찾아왔다.[5]

그러나 식민 도시 경성의 다방은 낭만적인 문화공간만은 아니었다. 다방은 갈 곳 없는 예술가들이 하루 대부분을 소비하고, 고학력 실업자들이 피곤한 얼굴로 무기력하게 시간을 보내는 장소이기도 했다. 그런 사람들을 가리켜 '벽화'와 '금붕어'라는 유행어가 생겨났다. '벽화'는 차 한 잔을 시켜놓고 두세 시간이 넘도록 그림처럼 앉아 있는 사람을 말했고, '금붕어'는 '벽화'와 반대로 하루 종일 이 다방 저 다방을 돌아다니며 물만 마시는 사람을 일컬었다. 소설가 구보는 하루에도 여러 번 낙랑파라와 제비를 돌아다니는 '금붕어'였고, 삼청동 꼭대기 집에 사글세를 사는 박준구는 찻값이 싼 다방을 골라 붙박이로 붙어 있는 '벽화'였다. 따지고 보면 시인, 소설가, 화가, 음악가들이 다방을 구락부처럼 애용한 것도 불안정한 수입과 남아도는 시간 때문이었다. 다방이 경영난으로 문을 닫는 이유도 거기에 있었다. 이

국적인 다방에서 낭만적인 문화 활동을 했던 예술가들의 현실은 이
국적이지도 낭만적이지도 않았다.

방란장을 폐업하면 여종업원 미사에를 어떻게 할 것인가? 그 문
제에 대한 답을 가져온 사람은 수경선생이었다. 방란장 인근에 사는
수경선생은 방란장이라는 다방 이름을 작명해준 소설가였다. 미사
에는 원래 수경선생 집에 데리고 있던 하녀였다. 수경선생이 착실하
고 믿음직하다며 적극 추천한 대로 미사에는 방란장의 온갖 일을 혼
자서 척척 다할 뿐 아니라 젊은 주인의 신변까지 정성껏 돌봐주었다.
급료가 아무리 밀려도 군소리 없이 한결같이 주인을 위해 진심으로
일했다. 방란장 주인은 그런 미사에가 고맙고 미안했다. 그 과정을 수
경선생도 지켜보았다. 그래서 수경선생이 내놓은 해결책은 이랬다.

"이 기회에 둘이서 결혼하게. 직접 말을 꺼내기가 뭣하면 내가 이
길로 미사에를 만나서 알아서 다 처리해주겠네."

수경선생의 말에 방란장 주인은 당황했다. 처음에는 수경선생을
한사코 말리다가 며칠 생각해보니 문득 그래볼까 싶었다. 그동안 미
사에가 보여준 미덕을 속으로 셈쳐 보니 미사에야말로 자신을 행복
하게 해줄 수 있을 것 같았다.

'소학교만 마친 미사에가 총명하지도 예쁘지도 않지만, 오히려 미
사에 같은 여자가 예술가에게는 적당하지 않을까.'

방란장 주인은 마음이 흔들렸다. 그러나 이번에도 어김없이 방란
장 주인의 발목을 붙잡는 생각이 고개를 쳐들었다.

'그럼, 나는 그런 미사에를 행복하게 해줄 수 있는가?'

젊은 화가는 도무지 자신이 없었다. 경제적으로 무능한데다 당장 내일이라도 서슬 퍼런 집주인에게 쫓겨날지 몰랐다. 젊은 화가는 잠시 꿈같은 생각을 한 것이 스스로 어이없어 웃고 말았다. 그러고 보니 결혼은 먹고사는 걱정 없이 자기 예술에만 정진하는 수경선생다운 해법이었다.

주변은 어느새 황혼으로 물들고 있었다. 방란장 주인은 답답한 마음에 산책을 나갔다가 수경선생 집으로 향했다.

'지금쯤 수경선생은 정돈된 방 안에서 고요히 소설을 쓰고 있으려나…'

방란장 주인은 수경선생이 부러웠다. 자신은 방란장에 매달려 있느라 그동안 붓 한 번 잡지 못했다. 이러다가 영영 그림다운 그림 한 장 못 그리고 마는 것은 아닐까 불안했다.

그때였다. 수경선생의 집 안에서 해괴한 광경이 벌어졌다. 중년 부인이 무어라 쉴 새 없이 쫑알거리며 손에 닿는 대로 팽개치고 깨뜨리고 찢고 있었다. 수경선생은 완전히 기가 죽은 채 계속 사과하며 부인의 광란을 진정시키려고 애쓰는 중이었다. 젊은 화가는 수경선생이 눈치챌까 봐 허겁지겁 그곳을 떠났다. 황혼의 거리에서 방란장 주인은 어찌할 수 없는 고독을 온몸으로 느꼈다.

1920년대 일본인 지역 남촌의 번화가.
조선호텔(위쪽 네모), 조선은행(왼쪽 동그라미),
경성우편국(오른쪽 동그라미), 옛 경성부청(아래쪽 네모) 등이 보인다.
경성우편국 옆으로는 일본인 상가지역인 본정 입구가 있었다.
조선인이 운영하는 다방은 종로에 많았지만, 이순석의 '낙랑파라'가
조선호텔 근처에, 유치진의 '프라타나'가 조선은행 근처에 있었다.

1914년 원구단을 철거한 자리에 들어선 조선호텔 전경(지금의 소공동 웨스틴조선호텔 자리).

구한말 서양인을 통해 들어온 커피가 대중에게 선보인 것은
호텔 다방에서 커피를 팔기 시작하면서다.
개항 직후 일본인이 인천에 세운 대불호텔, 정동의 손탁호텔,
소공동의 조선호텔 다방이 대표적이었다.
서양식 건물 호텔에서 소비되는 수입품 커피는 상류층의
사교생활과 선진적인 서구 문물을 상징했다.

조선호텔 다방(좌)의 모던걸과 모던보이들, 그리고 손탁호텔(우) 내부 모습(베란다).

지금의 이화여고 자리에 있었던 손탁호텔 전경.

미술학교를 졸업한 이순석의 소공동 '낙랑파라'.

문화 예술인들은 서양 문화에 대한 동경을 다방 이름과 인테리어로 표현했다.
동경 우에노미술학교를 졸업한 이순석은 '낙랑파라'를,
극작가 유치진은 '프라타나(플라타너스)'를 소공동에 열었다.
1929년경 일본 미술학교를 졸업하고 영화배우를 하던 김인규는
종로 YMCA 회관 근처에 '멕시코'를 열었다.

극작가 유치진의
소공동 '프라타나'.

영화배우 김인규의
종로 '맥시코'.

| 8장 |

카
페

영이와 순이의 인생 유전

영이와 순이는 네 살 터울 자매다. 언니 영이는 카페에서 일하는 여급이고, 동생 순이는 여자고등보통학교에 다니는 여학생이다. 콧대 높은 여학생 순이는 여급이 된 영이가 남세스러워 죽을 지경이다. 여자가 돈을 벌려면 여점원이나 여자 사무원도 있고, 만약 못 배운 게 흠이라면 제사공장이나 고무공장도 있는데, 하고많은 직업 중에서 왜 하필 여급인지, 술 냄새와 담배 연기 속에서 밤마다 뭇 사내들과 음란한 수작이나 하는 것도 모자라 한밤중에 부랑자까지 집 안으로 끌어들인다며 동생 순이는 언니 영이를 대놓고 무시하고 경멸했다.

영이는 영이대로 억울하고 할 말이 많았다. 집안은 찢어지게 가난하고 부모는 변변한 벌이조차 없었다. 큰 딸인 죄로 돈벌이에 나섰지만 보통학교도 들어가지 못한 처지라 갈 곳은 빤했다. 공장 아니면 카페였다. 순이 말대로 여공이 되었다면 네 식구 생활비와 순이 공부가 가당키나 했을까. 영이는 희생하는 심정으로 여급이 되었건만 그걸 알아주는 가족이 없었다. 어머니는 한술 더 떠 툭하면 영이에게 쌀 떨어졌다, 나무 들여놔야 한다, 김장해야 한다, 돈타령을 해댔다. 순이는 제가 밥 먹고 옷 입고 공부하는 돈이 다 영이에게서 나온다는 것을 알면서도 고마워할 줄 모르고 걸핏하면 더럽다, 천하다며 업신여겼다. 더 얄미운 것은 평소에 그렇게 욕을 하면서도 막상 돈이 필요하면 "언니, 언니" 하며 살살거리는 꼴이었다. 다들 영이를 화수분으로 아는지 입만 열면 돈, 돈, 돈 해대는데 그 돈은 여급의 벌이로는 도무지 충당이 안 되었다. 마지못해 밤중에 남자를 집 안으로 끌어들이고도, 이튿날 아침이면 사내를 졸라 식구 수대로 자장면을 시켜 먹었다. 영이 입장에서는 가족 모두가 한패가 되어 자신에게 못할 짓을 시켜왔으면서도 미안해하기는커녕 동네 보기 부끄럽다느니, 체면이 어쩌고 하니 분통이 터질 수밖에 없었다.

영이는 여급에 대한 사람들의 위선과 이중성에 치를 떨었다. 스스로 좋아서 여급이 된 여자가 과연 몇 명이나 될까. 대부분 영이와 비슷한 처지에서 비슷한 이유로 여급이 되었다. 그들에게는 무능한 아버지나 남편이 있었고 이기적인 동생들이 있었으며 장녀의 희생을 쉽사리 망각하는 가족이 있었다. 영이와 같은 카페에 있는 하나꼬는 어머니가 행랑살이를 하고 아버지가 구루마 짐꾼이었다. 아버지가 자동차에 치인 뒤로 꼼짝없이 자리에 드러눕게 되자 외동딸은 여급 하나꼬가 되어야 했다. 프로라는 또 어떤가. 남편이 전문학교까지 졸업했지만 취직은커녕 밤낮없이 거리를 비실비실 돌아다니는 생활 무능력자였다. 할 수 없이 프로라는 자신을 처녀라 속이고 여급이 되었다. 영이처럼 하나꼬나 프로라도 여급이 되겠다고 했을 때 말리는 가족이 없었다. 프로라의 남편은 오히려 아내가 벌어올 돈을 기대하는 눈치였다.

또 경성에는 카페가 얼마나 많은가. 어쩌면 몇 집 건너 한 집마다 딸이나 아내가 여급일지도 몰랐다. 프로라가 영이에게 읽어준 신문기사에 따르면 1931년 경성의 카페 수가 86개, 여급이 500여 명이었는데, 1936년에는 여급이 두 배 이상 늘어 1000명을 넘었다. 종로에만 15개의 카페와 300명의 여급이 있으니 평균치로 한 카페당 20여 명이 있는 셈이었다. 그럼, 그 많은 카페 손님은 누구인가. 왜 여급만 욕을 먹어야 하나. 더구나 팔은 안으로 굽기 마련인데 왜 순이처럼 같은 여자들이 더 무시를 하는가. 영이는 열불이 났다.

얼마 전에는 카페 손님이 이런 이야기를 들려주었다. 그가 광교 모퉁이 카페 앞을 지나는데, 한 아낙네가 들릴락 말락 한 소리로 "말씀 좀 여쭙겠습니다" 하더니 손을 내밀어 카페 앞에 붙어 있는 종이를 가리키며 이 집에서 모집하는 것이 무엇인지를 물었다. 종이에 쓰인 글자는 "여급 대모집"이었다. 아낙네는 핏기 없는 얼굴에 소복을 입은 채 일거리를 찾는 중이었다. 남자가 조심스럽게 여급의 뜻을 쉽게 풀이해주자 아낙네는 말을 끝까지 듣지도 않고 얼굴에 혐오와 절망을 드러내며 허겁지겁 떠났다고 한다. 그때 남자는 영이에게 이렇게 말했다.

"그 아낙네와 여급 중에서 누가 더 불행할까. 누가 더 삶의 괴로움을 맛보고 있는 걸까."

카페도 다방처럼 남촌에서 먼저 등장했다. 1910년대에 남촌에서 형성되었던 카페가 북촌으로 진출한 것은 1930년 이후였다. 언뜻 보면 카페나 다방이나 그게 그것인 것 같지만 완전히 달랐다. 다방이 음악을 들으며 커피나 차를 마시는 곳이라면, 카페는 여급의 시중을 받으며 술을 마시는 곳이었다. 다방은 낮부터 사람들이 가지만, 카페는 밤이 되어야 손님들로 북적거렸다. 다방에서 고용하는 여성은 대개 계산대를 지키는 마담이지만, 카페에서 고용하는 여성은 남성 손님들에게 술과 에로를 파는 접대부였다.

다방과 카페의 차이는 건물에서도 드러났다. 인텔리와 예술인 중심의 구락부였던 다방은 이국적이고 모던하며 개방적인 분위기였다. 다방 입구에는 공식처럼 남국에서 온 듯한 키 크고 풍성한 파초가 놓였다. 건물 전면은 커다란 유리창으로 되어 있어서 다방 안에서 거리를 관찰할 수 있고 거리에서 다방 안을 볼 수 있었다. 실내는 그림이나 조각상으로 그 모던한 분위기를 연출했다.

반면 카페는 장식적이고 폐쇄적인 분위기였다. 건물 입면은 큼직한 간판과 네온사인으로 뒤덮였다. 간판 글자는 한자, 일본어와 영어가 많아서 종로 거리를 걷다 보면 언뜻 외국에 온 듯한 기분이 들었다. 네온사인은 카페 영업시간이 밤이라서 야간 광고용으로 설치한 것이었다. 간판과 네온사인이 중요한 만큼 창문 크기는 작았다. 그게 아니더라도 술과 접대부가 있는 카페는 외부로 노출되는 것을 꺼려 대개 창문 크기가 작거나 장식용이었다.[1]

카페 안은 인간의 욕망을 부추기듯 자극적이고 요란했다. 대개 2~3층으로 된 카페 건물은 "붉고 푸른 등불, 흐릿한 샹들리에, 발자취 소리와 옷자락 부비는 소리, 담배 연기와 술 냄새, 요란한 재즈 소리에 맞춰 춤추는 젊은 남녀, 파득파득 떠는 웃음소리와 흥분된 얼굴, 인생의 괴로움과 쓰라림을 모조리 잊어버린 듯 즐겁게 뛰노는, 술과 계집 그리고 엽기가 흐르는 공간"[2]이었다. 네온사인은 어두운 밤을 화려하게 밝혀주기 위해 온통 붉고 푸르게 번쩍거렸다.

카페의 요란한 색과 장식은 카페 안에 있는 사람들에게는 욕망과 일탈을 자극했지만, 카페 밖의 사람들에게는 불결함과 천박함을 불러일으켰다. 카페의 에로틱하고 퇴폐적인 분위기는 사회적 문제가 되기도 했다. 술과 여성을 돈으로 살 수 있는 카페에서 자살, 폭행, 살인, 절도, 사기 등 온갖 범죄가 발생했기 때문이다. 폭력단과 연결된 사건도 자주 일어났다. 그래서 1931년에는 경찰 보안과가 카페를 단속하기 위해 카페 환경에 관한 규칙을 공표하기도 했다. 예를 들면 카페 외부 장식을 밝게 할 것, 실내 밝기도 백색등을 설치해 신문을 볼 수 있을 정도로 할 것, 칸막이 좌석의 한쪽이 보이도록 개방할 것, 혼합석 이외에 특별실을 설치하지 말 것, 고성 축음기는 오후 11시까지만 사용하고 영업시간은 특수지역을 제외하면 새벽 1시를 넘기지 말 것 등이었다.[3]

북촌에서 가장 유명한 카페는 '엔젤'과 '낙원회관'이었다. '엔젤'은 동일은행장 민대식*의 일본인 며느리가 경영해 화제가 되었다. '엔젤'은 탑골공원 앞 종로 대로변에 위치했는데, 1층과 2층은 홀이고 3층은 150여 명이 들어갈 수 있는 연회장이었다.[4] 여급은 조선인만이 아니라 일본인도 있었다. 주요 고객은 회사원, 은행원, 관리, 신문기자, 문인, 학교 교원 등 경제력이 있는 도시 남성들이었다. 물론 그런 직업을 내세운 가짜나 사기꾼도 있었고, 전문학교 교복을 입은 남학생도 카페 손님이었다. 경성의 건달과 놀기 좋아하는 한량들도 술과 여자를 얻으러 카페로 모여들었다.

낙원회관은 북촌 카페 중에서 가장 규모가 크고 유명했다. 종로 YMCA 회관 맞은편에 위치했는데 근처에는 우미관이 있었다. 모던

---

* 민대식은 친일파 민영휘의 소실 소생 중 맏아들로 1920년 민영휘의 뒤를 이어 은행업에 뛰어든 뒤 조선 실업계의 거물로 활동했다. 1931년에는 호서은행을 합병해 동일은행을 창설했다. 광복 후에는 반민특위 조사 대상자였고, 민족문제연구소의 친일인명사전에 수록되었다. 민영휘의 차남 민규식은 금융인 겸 기업인으로 화신백화점 동관이 되는 동아백화점의 건물주였다. 민대식이 동생 민천식에게 양자로 보낸 아들 민병도는 한국은행 총재를 지냈는데, 다방면에 걸쳐 문화예술 활동을 지원했고 황무지 같은 남이섬을 사들여 타계할 때까지 나무를 심고 섬을 가꾸었다.

한 2층 벽돌 건물에 기린맥주의 붉은 네온사인이 시선을 끌었다. 실내는 1층이 넓은 홀이고 2층이 무대였는데, 전속 밴드와 전속 가수를 두었고, 여급도 다른 카페보다 많아 80여 명이나 되었다. 여급은 조선인이 대부분이었지만 일본인도 섞여 있었다. 낙원회관은 영업시간이 새벽 4시까지였기 때문에 남촌 카페가 오전 1시에 문을 닫으면 일본인 부자들도 자리를 옮겨 많이 이용했다.[5]

엔젤이나 낙원회관 외에도 종로 일대에는 전차길이건 뒷골목이건 중소 카페들이 성행했다. 왕관, 종로회관, 올림픽, 목단, 평화, 신세계, 향락, 백령, 드라곤이 대표적이었다. 납작납작한 기와집들 사이로 2~3층 카페 건물들이 울긋불긋했는데, 좁고 번들번들한 유리창으로 파란 불빛이 새어 나왔고, 문을 열면 레코드에서 재즈 소리가 왕왕거렸다. 값비싼 양주 그리고 삿뽀로와 아사히 맥주가 잘 팔렸고, 기모노 복장과 양장을 한 여급들이 서비스를 했다. 분위기가 무르익으면 당국에서 금지한 '딴스'를 추기도 했다. 서민들이 이용하던 선술집에 비하면 술값이 비쌌고 서비스하는 여급에게 팁을 지불하는 관행도 있었다.

카페에 관한 사회문제에는 항상 여급의 존재가 따라다녔다. 다양한 계층의 남성이 젊은 여급과 자유연애를 즐겼고, 돈만 주면 여급의 성을 쉽게 살 수 있었기 때문이다. 사회적 비난 속에서 여급은 "웃고 노래하는 어여쁜 악마들", 여급에게 접대를 받는 남자는 "정신의 마취주사를 맞고 다니는 아편중독자" 취급을 받았다.[6]

그런데 순이 말대로 직업을 골라도 왜 하필 여급인가 하면 여급 수입이 다른 직업보다 많긴 했다. 1930년대 여성 직업 중에서 보통학교 여교사는 30~60원, 여기자는 25~60원, 여사무원은 30~50원, 여점원은 15~40원, 여교환수는 25~50원, 간호부는 33~70원, 여차장은 25~30원, 연초공장 여직공은 6~25원 정도였는데, 여급은 보통 40~100원이었다.[7]

그러나 알고 보면 여급의 수입은 빛 좋은 개살구였다. 일단 대부분 월급제가 아닌 팁으로 생긴 수입이라서 불안정했다. 여급끼리 경쟁이 심한데다 유흥업소 특성상 옷이나 화장 등 치장에 들어가는 돈도 많았다. 심한 경우에는 사채업자에게 빚을 지기도 했다. 영이처럼 가장 역할을 하는 여급은 주수입원인 팁만으로는 살 수 없었다. 여급의 부수입원은 카페 밖에서 자유연애를 하는 대가로 받는 돈이었다.

영이가 밤중에 남자를 집으로 끌어들인 것도 부수입 때문이었다. 부모와 동생이 시도 때도 없이 요구하는 돈을 마련하려면 카페에서 받는 팁만으로는 부족했던 것이다. 더구나 영이처럼 보통학교도 못 나온 여급이라면 자유연애 상대도 더 불리한 조건이었다. 여급은 대개 보통학교를 졸업했고, 여자고등보통학교를 졸업한 사람도 있었으니까.

여급은 학력, 외모, 나이에 따라 급이 달랐다. 모든 조건이 다 처지는 여급도 있긴 있었는데 기미꼬가 그랬다. 기미꼬는 삼십이 넘은 나이에 못생기고 배운 것도 없고 무뚝뚝했다. 아무리 봐도 기미꼬는 여급과는 거리가 멀어도 너무 멀었다. 하지만 기미꼬에게는 다른 여급들이 따라올 수 없는 독보적인 특별함이 있었다. 그것은 바로 주량과 협기였다. 워낙 술을 잘 마시는 기미꼬 덕에 기미꼬가 앉은 테이블에서는 술값이 다른 테이블보다 갑절이 더 나왔다. 당연히 카페 주인은 매상을 올려주는 기미꼬를 좋아했다. 또 기미꼬는 어릴 때부터 천애고아로 외롭고 고단하게 살아와서 사람 귀한 줄을 알고 어려운 처지에 있는 사람을 많이 도왔다. 카페 동료들은 기미꼬에게 의지했고 손님들은 말이 잘 통한다며 기미꼬를 반겼다.

기미꼬와 반대로 대단한 미모에 숙명여자고등보통학교, 경성여자고등보통학교, 이화여자고등보통학교를 졸업한 여급도 있었는데, 그런 여급들은 낙원회관, 킹홀, 목단 같은 특급 카페에 다니며 최고 대우를 받았다. 만일 여배우 출신이라면 특상급 대우를 받았다. 여배우 출신 여급은 '경성카페'의 서화정, 조경희, 정갑순과 양소정, '왕관'의 윤메리와 윤정자, '킹홀'의 임애천, '목단'의 김정숙과 김보신, '낙원회관'의 김명순이 유명했는데, 여배우를 하다가 여급이 된 이유도 역시 돈이었다. 여배우의 돈벌이가 워낙 불안정한데다 여배우라는 타이틀이 붙으면 카페에서 대우가 달랐기 때문이다.[8]

영이가 나갔던 카페는 청계천변에 있는 '평화'였다. 붉고 푸른 유리창은 속된 분위기를 풍겼고, 창밖 좁은 터에 옹색하게 심은 침엽송 위에는 먼지와 티끌이 하얗게 내려앉았다. 그런 곳에 오는 손님들은 대개 팁을 듬뿍 줄 만한 형편이 아니었다. 예외가 있다면 하나꼬와 프로라였다. 하나꼬는 나이가 어린데다 미모가 '평화'에서 단연 돋보였다. 프로라는 도도하면서도 농염한 자태로 인기가 많았다. 카페에서 왕언니 역할을 하는 기미꼬는 팁 욕심보다는 절약과 검소한 생활로 돈을 낭비하지 않았다.

영이의 카페 수입은 고만고만했다. 부수입을 버는 상대도 고만고만해서 호텔이나 여관을 이용할 처지가 아니었다. 한밤중에 영이가 남자를 데려오면 순이는 부모가 자고 있는 안방으로 냉큼 건너가고, 영이는 순이의 눈치를 보며 이부자리를 안방으로 날라주었다. 여학생인 순이는 영이가 더럽다며 안방에서 치를 떨었고, 영이는 건넌방에서 제 몸뚱이로 가족을 먹여 살렸다. 안방의 부모는 건넌방에서 일어나는 일을 뻔히 알면서도 모른 체했다. 텅 빈 대청을 가운데에 두고 안방과 건넌방에서 영이네 가족은 굴욕과 모멸의 전쟁을 치르고 있었다.

그런데 영이가 임신을 하면서 자매에게 반전이 일어났다. 아이 아버지는 나이 지긋하고 유복한 전기상회 주인이었다. 영이는 임신을 하고도 밥벌이를 위해 카페에 나갔지만 다시는 사내를 집 안으로 끌어들이지 않았다. 영이가 아이를 낳았을 때 아이 아버지는 돈 50원만 보내고 아이 얼굴은 보지 않았다. 영이는 아이 아버지를 탓하지 않았다. 영이는 카페를 그만두고 집에서 삯바느질을 하며 아이를 키우기 시작했다.

그동안 순이는 여학교를 그만두고 유난스럽게 화장을 하면서 유명한 여배우가 되겠다며 떠들고 다녔다. 어느 날 순이는 밤중에 사내를 집으로 데려왔다. 순이가 건넌방 미닫이문을 살짝 열자 영이는 단번에 눈치를 챘다. 이전에 순이가 그랬듯, 영이는 아이를 안아 들고 안방으로 건너가고 순이는 영이의 이부자리를 안방으로 날랐다.

영이는 안방에 누워 마음속으로 그동안의 원한과 증오를 순이에게 쏟아냈다. 내일 아침 순이의 얼굴을 빤히 쳐다보며 말없이 비웃어 주고 싶었다. 영이는 예전에 자신이 그랬듯 내일 아침에 순이가 사내를 졸라 가족에게 자장면을 시켜줄지 궁금했다. 그때 순이는 자장면을 더럽다며 쳐다보지도 않았다. 그러나 영이는 내일 보란 듯이 자장면을 맛있게 먹을 작정이었다. 영이는 곁에 누워 있는 부모의 얼굴을 살펴보았다. 지금 건넌방에서 무슨 일이 일어나는지 뻔히 알면서도 부모는 놀라지도 슬퍼하지도 않았다. 영이는 갑자기 한기가 들었다.

'이것이 인생이란 말인가.'

영이는 베개를 고쳐 베고 눈을 감았다. 여윈 뺨 위로 눈물이 주르륵 흘러내렸다.

'너마저 집안 식구에게 자장면을 해다 주게 됐니? 너마저, 순이야…'

종로 2가에 있던 '낙원회관'(좌)은 북촌 카페 중 가장 규모가 크고 유명했다.
모던한 2층 벽돌 건물에 1층은 넓은 홀이고 2층에 무대가 있었다.
탑골공원 앞 종로 대로변에 있던 '엔젤'(우)은 동일은행장 민대식의
일본인 며느리가 경영해 화제가 되었다. 1층과 2층은 홀이고
3층은 150여 명이 들어갈 수 있는 연회장이었다.

1910년대에 남촌에서 형성되었던 카페가 북촌으로 진출한 것은
1930년 이후였다. 언뜻 보면 카페나 다방이나 그게 그것인 것 같지만
완전히 달랐다. 다방이 음악을 들으며 커피나 차를 마시는 곳이라면,
카페는 여급의 시중을 받으며 술을 마시는 곳이었다.
'왕관'(좌)은 종로구 관철동에서 조선인이 경영하던 카페였다.
1930년 일본인이 본정에서 창업한 '은좌'(우)는
남산 일대가 보이는 전망이 좋은 카페로 알려져 있었다.

9장

동아·조선일보 사옥

레디메이드 인생의 취직운동

봄 하늘이 맑게 갠 날이었다. 박준구는 광화문 네거리 기념비전 옆에 섰다. 그의 시선은 줄곧 맞은편 건물을 향해 있었다. 들어갈까 말까 망설이는 기색이 역력했다. 마침 자동차 한 대가 오더니 서양인 남녀가 차에서 내렸다. 남자가 '고종 즉위 40년 칭경기념비'에 대해 설명하고 여자는 들으면서 앞뒤를 구경하며 사진을 찍었다.

'대원군이 살아서 저 꼴을 본다면….'

박준구의 입가가 실룩거리더니 "클클" 웃음소리가 새어나왔다. 두 서양인이 자동차를 타고 떠나자 박준구는 다시 칭경기념비 맞은편 의 서양식 3층 건물을 노려보았다. 들어갈까 말까, 박준구는 또다시 망설였다.

이전에 그 자리에는 명월관이 있었다. 원래 1903년 9월 명월루라는 이름으로 개업했는데, 러일전쟁 기간에 명월관으로 이름을 바꾸었다. 그 시기 일본군 장교를 비롯해 일본인들이 그곳에 자주 출입하면서 정부의 조달상 역할을 했다. 을사늑약 이듬해인 1906년, 명월관은 양옥 네 칸을 건축했는데 그 무렵 일제가 궁내부를 축소하면서 궁궐에서 쫓겨난 궁중 요리사와 나인이 그곳으로 들어갔다. 1908년에는 이웃집을 매입하고 양옥을 더 지어 초대형 요릿집이 되었다. 세상 사람들에게 그 유명한 명월관의 모습을 갖춘 것은 1912년 가을이었다. 조선식과 서양식을 절충해 새로 3층 건물을 지었는데 1400명을 수용하는 규모였다. 광화문 큰길로 난 명월관 서측면 3층은 유리창으로 되어 있어서, 매일 밤 사람들이 그 앞에 모여 기생의 노래와 악기 소리를 엿들었다.[1]

명월관은 1914년 인사동 이완용 저택(옛 순화궁)을 빌려 지점을 내고, 그 집에 있던 태화정의 이름을 따서 태화관(지금의 태화빌딩 자리)이라고 불렀다. 5년 뒤인 3월 1일에는 태화관에서 민족대표 33인이 모여 3·1독립선언서를 낭독했다. 두 달 뒤 명월관 광화문 본점은 의문의 대화재로 전소되고 돈의동(지금의 피카디리 1958 자리)으로 자리를 옮겼다.

광화문 명월관 부지를 매입한 사람은 〈동아일보〉 사주 김성수였다. 김성수는 그곳에 〈동아일보〉 사옥을 지었다. 1920년 4월 1일 종로구 화동 138번지(지금의 정독도서관 남쪽 길 일부)에서 창간한 지 6년 8개월 만에 전용 사옥을 갖게 된 것이다. 기본 설계는 일본 요코하마건축사무소에서 근대 르네상스 양식으로 했고, 조선식산은행 영선과장 나카무라 마코토가 모더니즘 스타일로 단순화시켜 최종 설계안을 만들었다.

철근콘크리트와 벽돌조를 혼합한 지하 1층, 지상 3층 규모의 건물은 장식을 절제한 단순한 박스 형태였다. 건물 중앙 현관 윗부분부터 옥탑층까지 수직으로 돌출된 내민창bay window이 자칫 밋밋하기 쉬운 벽면에 볼륨감을 주었다. 주재료는 타일이고 문틀과 창틀에 화강석으로 띠장식을 넣었다.

시공은 일본의 건설회사 시미즈구미淸水組가 맡았다. 1804년에 창업한 시미즈구미는 일제강점기 조선은행 본점(지금의 한국은행 화폐박물관), 조선총독부청사 2차 공사, 화신백화점 같은 굵직굵직한 공사를 도맡았던 건설회사다. 착공은 1925년 9월 27일, 준공은 1926년 12월 10일, 낙성식은 1927년 4월 30일에 열렸다. 총공사비는 14만 7200원이 들었다.

준공 다음 날 〈동아일보〉는 사설 "새 집이 일다, 이천만 민중의 집"을 내보냈는데, 사설에 실린 목소리는 감격과 자부심으로 철철 넘쳤다. "서울의 한복판 경복궁 앞, 옛날 육조 앞인 황토마루 네거리"에 사옥을 지었다며 그 위치부터 자랑스러워했다. 또 사옥이 하늘을 찌를 듯 높고 철근콘크리트로 지어서 "불에도 안 타고 지진에도 안 무너지고 비바람에도 안 깎이는 굉장한 새 집"이라며 만족했다. 건물 전체를 덮히는 증기난로를 비롯해 문명의 모든 이기를 갖춘 새 사옥에서 이천만 민족의 언론 기관으로서 정의와 진리와 자유를 위해 계속 싸워나가겠다고도 다짐했다.[2]

다음 해 4월에 열린 낙성식은 사흘 동안 거창하게 거행되었다. 첫날은 기념식, 둘째 날은 피로연, 셋째 날은 부인 간담회를 열었는데, 경성 상공에 비행기를 띄워 30만 경성부민의 건강과 행복을 축복했고, 기념용 〈동아일보〉 깃발 15만 장을 전국에 배포했다. 주필 송진우가 경성방송국에서 신문 강연을 했고, 영화회, 가무회, 신극회, 구극회 같은 다양한 문화행사도 준비했다.

박준구는 결심한 듯 피우고 있던 담배를 발로 비벼 끄고 〈동아일보〉 사옥으로 들어갔다. 건물 지하 1층에는 숙직실, 기계실, 창고가, 1층에는 영업국, 인쇄공장, 발송부가, 2층에는 사장실, 응접실, 편집국, 조판 및 교정실이, 3층에는 300명을 수용하는 대강당, 구락부, 사진부, 조사부가, 옥상에는 운동장이 있었다. 그중에서 대외적으로 가장 자랑하는 공간은 대강당이었다. 민족계몽운동과 문화 활동을 위한 공간이었기 때문이다.[3]

박준구는 2층에서 편집국장을 만났다. 이제 박준구는 지극히 존경하고 우러러보는 표정으로 선배인 편집국장에게 비굴한 미소까지 지어가며 취직운동을 할 작정이었다.

"뭐, 어디 빈자리가 있어야지…."

국장은 응접실 소파에 몸을 파묻은 채 박준구의 청을 간단하게 거절했다. 취직운동의 백전백패 노병답게 박준구는 새삼스럽게 실망 따위는 하지 않았다. 더 졸라봐도 별수 없겠지만 형식상, 예의상 한 마디 더 보탰다.

"그렇다면 다음에 결원이 나면 그때는 꼭…."

"결원이 그렇게 쉽게 나나. 간혹 나더라도 유력한 후보자가 몇십 명씩 밀려 있어서…. 그렇게 도시에서 취직만 하려고 할 게 아니라 농촌으로 돌아가서…."

"농촌으로 가서 뭘 합니까?"

국장의 성의 없는 거절에도 짐짓 고개를 숙인 채 공손하게 앉아 있던 박준구가 이 대목에서는 발끈했다. 취직운동이 이왕 틀어진 김에 속 시원하게 말이라도 해보자 싶었다.

"허! 그게 다 모르는 소리야. 조선은 농업국이고 농민이 전 인구의 팔할이니 조선의 문제는 농촌 문제, 지금 농촌에서 할 일이 오죽이나 많겠나?"

"저는 그 말씀 못 알아듣겠네요. 저희 같은 사람이 농촌에 가서 구체적으로 무슨 일을 한단 말입니까, 예?"

"그럴 리가 있나! 가령, 응, 저…."

국장은 곧바로 대답을 하지 못하고 더듬거릴 수밖에 없었다. 왜냐하면 농촌으로 가서 직접 일을 만들라는 말은 그동안 취직을 부탁하러 오는 청년들의 말문을 막는 수단으로 활용해온 것이지, 무슨 구체적인 계획이 있어서가 아니었기 때문이다. 구직자 대부분은 편집국장이 농촌이 어쩌고 하면 눈치껏 포기하고 일어났다. 그런데 그날따라 박준구는 마치 내일이 없는 양 또박또박 말대꾸를 하며 국장을 들이받았다.

사실 편집국장의 머릿속에는 '브나로드운동'에 대한 추억만 있었다. 1931년부터 1934년까지 〈동아일보〉는 이른바 '브나로드운동'이라는 이름으로 농촌계몽운동에 참가했다. 신문사 경비로 여름방학 때마다 학생들을 농촌에 파견해 문맹퇴치운동을 벌였는데, 상당히 성공적이었다. 그러나 중일전쟁 준비로 전시체제가 노골화되면서 총독부가 계몽운동을 금지하는 바람에 오래가지는 못했다.

추억은 미련이 남을수록 아름답게 기억되는 법이다. 문제는 그 미완성의 추억이 박준구처럼 생계형 구직자에게는 결코 아름다운 해법이 될 수 없다는 것이었다. 먹고사는 문제로 취직을 부탁하러 온 사람에게 당국이 금지하는, 이미 철 지난 농촌계몽운동 이야기를 꺼내면 구직자는 캄캄한 벽을 마주한 느낌이었다.

"농촌사업이라도 할 형편이 되면 이렇게 취직을 못해 애를 쓰겠습니까?"

"정 농촌으로 가기 싫거든 신문을 하나 경영하든지, 아니면 조그맣게 잡지 같은 것도 좋고…."

"좋기야 좋겠지만, 그건 무슨 돈으로 한답니까?"

"그거야 열심히 하면 저절로 돈도 생기는 거지."

건축, 근대소설을 거닐다

이쯤 되자 박준구는 더이상 엉터리 수작이 싫어 일어섰다. 어차피 취직은 진즉에 물 건너갔다.

"신문사가 구제기관도 아니고, 쯧쯧."

뒤통수를 때리는 국장의 말. 박준구는 찬물을 뒤집어쓴 듯 정신이 번쩍 들었다. 복도에서 친분 있는 기자를 만났지만 건성건성 인사만 하고 급하게 밖으로 나갔다. 괜히 어물쩍거리다 편집부 사람들을 보게 되면 자신의 초라한 처지가 더 아프게 실감 날 것 같아서였다. 전문학교나 대학을 졸업하고도 취직하기 힘든 세상이지만, 신문사에서 생계 유지를 하는 문인과 화가들도 있었다. 한 신문사에서 쭉 종사하는 경우는 드물었고 대부분 개인 사정에 따라 〈조선일보〉와 〈동아일보〉, 여러 잡지사를 오가며 일했기에 이직률이 높았고, 대부분 지연·학연 등 인맥에 기댔다.

〈동아일보〉에는 현진건, 이익상, 주요섭, 윤백남, 이무영, 홍효민, 주요한, 이은상, 변영로, 심훈이, 〈조선중앙일보〉에는 이태준 등이 있었다. 김동인은 처음에는 기자가 된 문인들을 향해 '변절'했다며 독설을 퍼부었지만 얼마 후 그도 〈조선일보〉 학예부장으로 입사했다. 국장 말대로 신문사는 구제기관이 아닌데도 문인과 화가가 취직했던 것은 그만한 필요성이 있었기 때문이다. 1930년대는 신문 연재소설 전성기였고 신문사의 출판활동도 왕성하던 때였다. 당시에 베스트셀러라고 할 수 있는 것은 거의 모두 신문 연재소설로 신문사에서 간행된 것이었다. 역시 배고픈 직업인 화가도 신문사가 문학과 출판업을

주도할 때 삽화를 그리며 생활비를 벌었다.[4]

박준구도 한때는 신문사와 잡지사 기자였다. 젊은 나이에 자유로운 공기를 맡고 싶은 충동을 이기지 못하고 그만둔 뒤로 만년 실업자 신세가 되었다. 박준구는 허둥지둥 빠져나온 〈동아일보〉 사옥 앞에서 건물 중앙에 툭 튀어나온 기다란 내민창을 올려다보았다. 국장 얼굴에 박힌 뭉툭한 코가 생각났다.

"흥! 망할 인간!"

박준구는 국장이 거절한 사실보다 거절하는 방식에서 모멸감을 느꼈다. "칵" 목구멍에서 불행 덩어리를 뽑아내듯 가래를 뱉고 고개를 드는데, 현관문 유리에 비친 자신의 모습이 눈에 들어왔다. 꾸깃꾸깃한 동복 바지, 축 처진 양복저고리, 땟국 묻은 와이셔츠, 배배 꼬인 넥타이, 낡은 모자 그리고 누런 종이가 구겨진 듯한 얼굴…. 온통 궁색으로 철철 넘쳤다.

박준구는 몸을 획 돌려 거리로 나섰다. 햇볕이 눈부신 거리에 경쾌한 봄옷을 말쑥하게 차려입은 젊은이들이 명랑하게 오가고 있었다. 멋쟁이 여자들의 목도리가 부드럽게 나부꼈고 전차 창문은 활짝 열어젖혀 있었다.

'봄은 저들에게만 오는가.'

박준구는 부르르 떨며 땅이 꺼져라 한숨을 쉬었다. 당장 저 전차를 잡아타고 교외로 나가고 싶었다. 그러나 이제 곧 시골에서 어린 아들이 상경할 것이고 박준구는 돈이 급했다. 박준구는 다음 목적지로 향했다.

〈동아일보〉 사옥에서 남대문 방향으로 200미터 정도 걸어가면 부민관에 못미처 〈조선일보〉 사옥(지금의 코리아나호텔 자리)이 나왔다. 〈조선일보〉는 〈동아일보〉보다 한 달여 먼저 창간호를 냈지만 재정 문제로 계속 이사를 다녔고 경영진도 자주 바뀌었다. 전용 사옥은 〈동아일보〉보다 9년이나 늦게 올렸다.

〈조선일보〉는 1920년 3월 5일 종로구 관철동 249번지(지금의 관철동 43-12)에서 창간된 지 두 달이 채 안 되어 청계천 맞은편 삼각동 71번지(지금의 광교사거리 신한은행과 청계천 사이 도로)로 이사했다. 이듬해에는 수표동 43번지(지금의 수표동 11-9 근처)로, 1926년에는 견지동 111번지(지금의 농협중앙회 종로지점 자리)로, 1933년에는 연건동 195번지로, 그렇게 다섯 차례를 옮겨 다닌 끝에 드디어 1935년 태평로에 전용 사옥을 갖게 된 것이다.

〈조선일보〉가 창간 이래 15년간의 유랑생활에 종지부를 찍을 수 있었던 것은 금광왕 방응모가 1933년 〈조선일보〉를 인수했기 때문이다. 방응모는 막강한 자금력으로 〈동아일보〉를 맹추격했다. 이광수, 서춘, 김동진 등 〈동아일보〉의 핵심 필진들을 무더기로 스카우트했고, 대경성의 중앙인 태평로에 새 사옥을 짓고야 만 것이다. 당연히 경쟁자인 〈동아일보〉보다 더 크고 더 멋지게 지어야 했다.

〈조선일보〉 사옥은 대지면적 1400평, 건축면적 350평, 연면적 1200평으로, 총공사비는 32만 원이 소요되었고 공사 기간은 1년 5

개월이 걸렸다. 건물 규모는 지하 1층, 지상 4층이었다. 15년 전 〈조선일보〉 창간 사옥은 단층 한옥이었는데, 사랑채가 편집실이고 대청마루가 교정실이었다. 그곳에서 한복을 입은 기자들은 원고를 써서 소쿠리에 담았고, 인쇄시설이 없어서 다른 신문사 시설을 빌려야 했다. 그야말로 격세지감의 변화였다.

9년 먼저 준공한 〈동아일보〉 사옥은 대지면적 400평, 건축면적 140평, 연면적 470평에, 총공사비 14만 7200원이 들었다. 공사 기간은 1년 3개월이었고, 규모는 지하 1층, 지상 3층이었다. 두 사옥의 규모와 공사비를 비교하면 〈조선일보〉의 물량 공세가 압도적이었다. 당시 우스갯소리로 떠돌던 "〈조선일보〉 방응모는 자가용, 〈동아일보〉 송진우는 인력거, 〈조선중앙일보〉 여운형은 뚜벅뚜벅"이란 말을 실감할 수 있는 수치였다.[5]

두 사옥의 비슷한 점은 모더니즘 건축 양식이라는 점이었다. 둘다 기능에 충실하고 장식을 배제한 사무소 건축이었다. 신문사라는 같은 기능을 가진 만큼 내부 공간 배치도 비슷했다. 지하실은 직원 서비스와 설비 공간, 1층은 인쇄와 영업 공간, 2층은 편집과 출판 공간, 3층과 4층은 대강당과 회의·집회 공간, 옥상은 운동장으로 구분되었다. 차이점으로 〈동아일보〉 사옥은 외관처럼 평면도 박스형이었지만, 〈조선일보〉 사옥은 건물 정면에서 유추할 수 있는 것과 달리 T자형 평면이었다.

〈조선일보〉는 1935년 6월 10일 준공식을 열고 나흘 뒤 사설 "본사 신사옥과 사회적 의의"를 내보냈다. 사설에서는 〈조선일보〉 사옥이 단지 하나의 신문사 건물이 아니라 조선 문화를 상징하는 사회적 건물이고 언론문화의 대전당이라고 역설했다. 신문의 사명만이 아니라 민족 문화를 향상하고 보급하는 임무도 다하겠다고 야심차게 포부를 밝혔다.

낙성식은 한 달 뒤인 7월 6일에 열렸다. 〈동아일보〉가 그랬듯 〈조선일보〉도 사흘 동안 낙성식 잔치를 벌였다. 낙성식 초청장을 받은 내빈이 무려 1500명이나 되었지만 〈동아일보〉 임원은 한 명도 없었다. 〈조선일보〉가 일부러 〈동아일보〉에 초청장을 보내지 않았다는 소문이 돌 정도로 두 신문사의 경쟁은 대단했다. 〈조선일보〉는 신사옥 낙성 기념 부록을 제작하고 전국지국장대회를 개최했다. 또 OK 악극단을 초청해 무료공연을 하고 대강당에서 '세계 신문 문화전람회'를 열어 대성황을 이루었다.

〈조선일보〉에도 〈동아일보〉와 마찬가지로 문인들이 종사했다. 염상섭, 현진건, 김동인, 김기림, 채만식, 홍기문, 함대훈, 이원조가 대표적이다. 〈조선일보〉 출판부에는 이은상, 윤석중, 백석, 노자영, 노천명, 김래성, 계용묵 등이 있었다.

박준구는 편집국이 있는 2층으로 올라갔다. 〈동아일보〉 사옥보다 거의 세 배가 커서 그런지 기다란 복도 양편에 붙어 있는 방들은 업무별로 세분화되어 쭉 늘어서 있었다. 사장실, 응접실, 귀빈실, 주필실, 편집국장실, 응접실, 출판부, 조사부, 서고, 교정부, 문선부, 사진부 그리고 암실…. 박준구는 그중 편집국으로 가서 한 시인을 살짝 불러냈다. 소설가 구보의 친구이기도 한 시인은 〈조선일보〉 사회부 기자였다. 시인은 답답하다며 옥상 운동장으로 박준구를 데리고 갔다. 박준구가 취직 이야기를 꺼내기도 전에 시인은 넋두리를 시작했다. 목구멍이 포도청이라고 언어를 벼려 시를 써야 하는데 하루에 몇 차례씩 종로경찰서, 경성부청, 체신국을 돌아다닌다며, 시를 써야 할 만년필로 매일 살인강도와 방화범인의 기사를 쓴다며, 그러고는 제임스 조이스의 《율리시스》가 어쩌고, 앙드레 지드가 저쩌고…. 하루 종일 세속적 잡무에 억압당한 시인의 내적 갈등이 콸콸콸 쏟아졌다.

박준구는 미처 생각지도 못한 상황이었다. 박준구는 말할 선수를 빼앗겼을 뿐 아니라 시인의 말에 끼어들 수조차 없었다. 망연자실 시인의 입만 쳐다보는 박준구의 심정은 복잡했다. 자신보다 덜 절망스러운 사람의 절망을 들어주는 상황이 우습기까지 했다.

'어째 저이가 나를 반갑게 맞이하더라니, 다 이유가 있었구나' 싶어 섭섭했다가, '나도 저걸 못 참고 잡지사를 그만두었다가 이 모양이 꼴이 되었지' 하고 이해가 되었다가, '저러다 저이가 그만둔다면? 지금부터라도 편집국장이든 누구든 눈도장이라도 찍어야 하나?' 하며 잔머리를 굴렸다. 그럼에도 분명한 것은 이번에도 취직운동이 실패했다는 명백한 사실이었다. 더이상 남의 회사에 뭉그적거리면서 배부른 소리를 듣고 있을 여유가 없었다. 박준구는 아직 상경 날짜도 정해지지 않은 아들 핑계를 대고 일어섰다.

194
•

박준구는 옥상에서 내려가는 길에 3층 대강당을 지나쳤다. 〈조선일보〉가 자랑해 마지 않는 공간이었다. 준공식 사설에서도 "일찍이 대경성이 가져본 적 없는 대강당, 능히 1200여 명을 수용할 만한 3·4층 통으로 된 대강당"[6]이라고 선전을 했다. 경쟁사인 〈동아일보〉 사옥 대강당은 300명이 들어가니 더 자랑하고 싶었을 것이다.

〈조선일보〉 대강당은 심훈의 장편소설 《상록수》에도 나온다. 소설 첫머리에 등장하는 문자보급운동 보고대회 장소가 바로 〈조선일보〉 대강당을 모델로 했다. 소설에 묘사된 대강당은 "전 조선의 방방곡곡으로 흩어져서 한여름 동안 땀을 흘려가며 활동한 대원들로 빈틈없이 들어"찰 만큼 컸다. 조명시설은 "큰 박덩이만큼씩 한 전등이 드문드문하게 달린 천장에서 내리비치는 불빛이 휘황"찬란했고, "만호장안(집이 아주 많은 수도라는 뜻)의 별처럼 깔린 등불이 한눈에 내려다보이도록, 사방의 유리창"이 있었다.[7]

박준구의 입안에 쓰디쓴 침이 고이고 주린 배가 요동을 쳤다. 덩달아 자괴감이 널뛰기를 하며 스스로를 조롱했다.

'해마다 인텔리는 수천 명씩 늘어가는데 일자리는 없다. 인텔리가 안 되었으면 차라리 노동자가 되었을 텐데 이미 인텔리 물을 먹고 나니 노동을 하려고 해도 도무지 할 수가 없다. 결국 무직 인텔리는 초상집의 주인 없는 개들이고, 팔려고 내놔도 아무도 사지 않는 레디메이드 인생이다!'

박준구는 올가미에 걸린 짐승처럼 포효하고 싶었다.

어느새 박준구는 〈조선일보〉 사옥 현관 앞에 섰다. 태평로 일대에서 4층 건물은 단연 돋보이는 높이였다. 이렇게 크고 높은 건물을 설계한 사람이 일본인이 아니라 30대의 조선인이라는 이야기가 문득 떠올랐다.

〈조선일보〉 사옥을 설계한 사람은 박동진(1899~1980)이었다. 박동진은 일제가 조선에 설립한 경성고등공업학교 건축과를 졸업했는데, 조선에서 일본인과 조선인이 함께 근대적인 건축 교육을 받을 수 있는 관립 엘리트 코스였다. 다수의 일본인 속에서 소수의 조선인 학생들은 졸업 후 조선총독부 건축기수로 취직했다. 총독부에서 조선인이라는 이유로 임금 차별을 받았던 그들은 부업으로 조선인 자본가들의 건물을 설계했다. 총독부 건축기수 박동진이 〈조선일보〉 사옥을 설계하게 된 것도 그런 경우였다.

그런데 박동진 뒤에는 〈동아일보〉 사주 김성수가 있었다. 박동진이 건축가로서 주목을 받게 된 결정적인 설계가 바로 김성수가 의뢰한 건물이었다. 김성수는 〈동아일보〉를 창간하면서 '민족 신문'을 내세웠듯이, 중앙고등보통학교와 보성전문학교를 맡았을 때도 '민족 교육'을 표방했다. 김성수가 새로 마련한 안암동 부지에 보성전문학교 본관을 신축할 때 선택한 건축가는 조선인 1호 건축가이자 최고의 건축가로 인정받던 박길룡이 아니라 박동진이었다. 왜 그랬을까.

박준구는 박동진의 남다른 이력을 생각해보았다. 박길룡과 박동진은 한 살 차이였고 둘 다 경성고등공업학교의 전신인 경성공업전문학교에 입학했다. 한 살 빠른 박길룡은 제때 무사히 졸업했지만 박동진은 3·1운동에 참가하는 바람에 옥고를 치르고 퇴학을 당했다. 한동안 만주와 시베리아를 떠돌며 유랑생활을 하다 귀국한 박동진은 조선교육령으로 개편된 경성고등공업학교에 재입학해 남은 공부를 마쳤다. 그리고 졸업 후 총독부 건축조직에 취직했다.

'그렇지. 그거였어!'

박준구는 시험문제라도 푼 듯 손뼉을 쳤다. 박동진은 조선에서 엘리트 건축가들만 들어갈 수 있는 총독부 건축조직에서 건축가로서는 보기 드물게 항일 경력이 있었다. 처음부터 무난하게 일제의 관립학교에서 건축 교육을 받고 총독부에 취직해 건축 실무를 쌓은 다른 조선인 건축가보다 민족사학에 어울리는 이미지였다. 어쩌면 김성수는 한때 민족운동에 뛰어들어 탄압을 받다가 친일 이미지 없이 자연스럽게 제도권 내부에 안착한 박동진에게서 어떤 동질감을 느끼지 않았을까.

김성수는 박동진을 선택했고 박동진은 김성수가 자택 2층에 마련한 설계실에서 숙식을 해가며 김성수가 원했던 건물을 현실화시켰다. 그것이 바로 보성전문학교 본관(지금의 고려대학교 본관)이었다. 고딕 양식으로 설계한 보성전문학교는 성공작이 되었고, 박동진은 학교 설립자들이 가장 많이 찾는 건축가가 되었다.

'그럼, 방응모는 왜?'

박준구는 대각선 방향 저편에 있는 〈동아일보〉 사옥을 가만히 올

197
•

려다보았다.

'적의 무기로 적을 공격한다?'

방응모는 〈조선일보〉를 인수한 다음 〈동아일보〉의 주요 집필진들을 스카우트해 〈동아일보〉의 뒤통수를 친 적이 있다.

'그럼, 이번에도?'

이유야 어쨌든, 보성전문학교가 준공된 1934년에 〈조선일보〉 사옥 기공식이 있었으니 방응모의 결정은 상당히 빨랐던 셈이다.

'그럼, 결과물은?'

이 대목에서 박준구는 고개를 갸우뚱했다. 보성전문학교와 〈조선일보〉 사옥은 기능이 달랐다. 보성전문학교는 교육시설이었고 〈조선일보〉 사옥은 업무시설이었다. 그래서 보성전문학교는 서양의 대학들이 많이 채용하던 고딕 양식이었고, 〈조선일보〉 사옥은 사무소 건축에 적합한 모더니즘 양식이었던 것이다. 기능의 차이가 만들어내는 설계 내용은 신문 필진을 스카우트해 뒤통수를 치는 일과는 성격이 달랐다.

박준구는 박동진에 관한 이야기를 곰곰이 되씹으며 자기 식대로 해석하기 시작했다.

'그렇다. 인텔리도 다 같은 인텔리가 아니다. 기술이 있는 인텔리는 다르다. 기술이 있으면 굶주릴 일은 없다. 게다가 감옥에 갔다 오고 퇴학까지 당해도 기술이 탄탄하면 총독부에 취직할 수도 있다. 왜? 기술은 생명이나 사상이 아니라 도구니까. 달리 말하면 기술자는 정치적으로 안전한 존재니까. 그러니 역시 기술이다! 되었다. 내 자식 놈에게는 절대로 문학이니 철학이니 역사니 하는 것들을 가르치지 않겠다. 그 녀석은 기술자가 되어야 해. 그래야 밥을 먹고 안전하게 살 수 있다. 기술이 답이다. 흐흐흐! 그런데, 답이 이렇게 분명한데, 시원하기는커녕 왜 이렇게 쓸쓸해질까. 흐흐흐.'

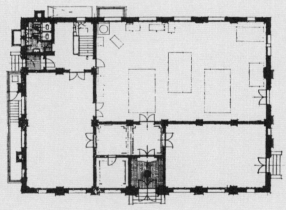

1926년 준공 당시 〈동아일보〉 광화문 사옥 전경 및 1층 평면도.

〈동아일보〉는 1920년 4월 1일 종로구 화동 138번지 (지금의 정독도서관 남쪽길 일부)에서 창간한 지 6년 8개월 만에 전용 사옥을 갖게 되었다. 기본 설계는 일본 요코하마건축사무소에서 근대 르네상스 양식으로 했고, 조선식산은행 영선과장 나카무라 마코토가 모더니즘 스타일로 단순화시켜 최종 설계안을 만들었다. 철근콘크리트와 벽돌조를 혼합한 지하 1층, 지상 3층 규모의 건물은 장식을 절제한 단순한 박스 형태였다. 건물 중앙 현관 윗부분에서부터 옥탑층까지 수직으로 돌출된 내민창이 자칫 밋밋하기 쉬운 벽면에 볼륨감을 주었다. 주요 공간으로는 지하 1층에 기계실과 창고, 1층에 영업국과 인쇄공장, 2층에 편집국, 3층에 대강당, 옥상에 운동장 등이 있었다.

1960년대 〈동아일보〉 광화문 사옥 일대 모습.

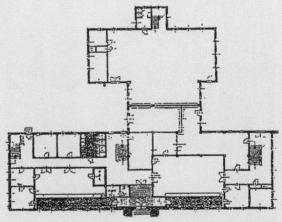

1935년 준공 당시 〈조선일보〉 태평로 사옥 전경 및 1층 평면도.

〈조선일보〉는 1920년 3월 5일 종로구 관철동 249번지
(지금의 관철동 43-12)에서 창간된 지 15년 만인 1935년
태평로에 전용 사옥을 갖게 되었다. 〈조선일보〉 사옥을 설계한 사람은
경성고등공업학교 건축과를 졸업한 조선인 건축가 박동진이었다.
모더니즘 양식으로 설계된 건물은 지하 1층, 지상 4층 규모였다.
박스형 건물 정면에서 유추할 수 있는 것과 달리
평면은 비대칭 T자형이었다. 내부 공간은 신문사라는
기능이 같은 만큼 〈동아일보〉 사옥과 유사했다.

1960년대 항공사진으로 본 〈조선일보〉 태평로 사옥.

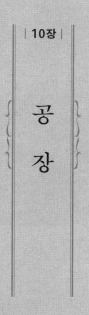

10장

공

장

금순이와 여공 모집책

금순이는 가난한 농가에서 태어났다. 열 살 때부터 병든 어머니 대신 집안일을 하고 남동생을 돌보느라 동네 또래들과 숨바꼭질 한 번 하지 못했다. 열다섯 살이 되어 시집을 가게 되었는데, 봉채 전날 얼굴 한 번 본 적 없는 열일곱 살 신랑이 몰래 밤기차를 타고 서울로 달아나버렸다. 이듬해 봄 금순이는 부모가 두 번째로 정해준 열세 살 어린 신랑에게 시집을 갔다. 동네 아낙들은 이번에는 신랑이 어려 도망갈 염려가 없어서 좋겠다고 놀렸지만, 꼬마 신랑은 시어머니 곁을 떠날 줄 몰랐다.

금순이는 아침부터 저녁까지 시집살이에 지치고, 밤에는 혼자 건넌방에서 한숨을 쉬며 쉽사리 잠들지 못했다. 새신랑은 시어머니 품에서 떨어질 줄 몰랐고, 시아버지는 소문난 색골이었다. 시어머니 질투심은 병적으로 심했다. 언젠가 아들을 빼앗아갈 며느리가 미워 금순이를 들볶았고, 남편이 며느리에게 호의와 동정을 보이는 게 시샘이 나서 또 금순이를 구박했다.

설상가상, 금순이는 시집 온 지 이 년이 못 되어 친정어머니가 병으로 죽고 친정아버지는 빚 때문에 남동생 순동이를 데리고 고향을 떠나버렸다. 게다가 합방조차 한 적 없는 어린 남편은 콜레라에 걸려 그만 죽고 말았다. 이제 금순이 곁에 남은 사람은 시아버지와 시어머니뿐. 시아버지는 금순이에게 흉측스럽게 추태를 부렸고, 시어머니는 두 사람 사이를 의심해 입에 담을 수 없는 욕설을 쏟아내며 야료를 부렸다.

어느 날 금순이는 억울하고 분해 하루 종일 울며 보내다가 아무도 모르게 집을 빠져나왔다. 발길 내키는 대로 걸어 읍내와 샛길, 수수밭을 지나 강가에 이르렀다. 깊고 푸른 강물 위에 죽은 어머니의 얼굴이 어른거렸다. 생사를 알 수 없는 아버지와 남동생의 모습도 떠올랐다. 갑자기 머리가 아뜩해지더니 몸의 중심을 잃고 강물 앞으로 넘어지는데, 그 순간 한 남자가 나타나 금순이를 붙잡았다.

"사람이 아무리 힘들어도 그렇지, 제 손으로 목숨을 끊어야 쓰겠소. 죽을힘으로 보란 듯이 살아야지. 마침 내 친구가 경성에서 큰 공장을 하고 있는데 일할 마음만 있으면 당장이라도 들어갈 수 있소.

내가 이러는 것은 그쪽 처지가 하도 딱해서 그럴 뿐 결단코 다른 뜻은 털끝만치도 없소."

'경성? 공장? 내가?'

금순이는 믿기지 않았다. 그때까지 금순이의 세계는 오로지 친정집과 시집뿐이었다. 딱 한 번 열세 살 되던 해 여름, 장돌뱅이 이모부가 집에 들러 금순이를 읍내에 데리고 간 적이 있긴 했다. 이모부는 떡과 때때주머니를 사주고 활동사진도 구경시켜주었다. 어린 금순이는 읍내라는 것이 그렇게 좋아 보일 수 없었다. 읍내에만 가면 좋은 일이 막 생길 것만 같았다. 다음에 또 오자는 이모부 말을 철석같이 믿고 기다렸지만 그런 일은 두 번 다시 일어나지 않았다.

그런데 경성이라니? 경성은 읍내보다 수백 배, 수천 배 큰 곳이 아닌가. 더구나 공장이라면? 금순이는 이모부를 따라 간 읍내에서 높은 담을 두르고 서 있던 제사공장을 본 적이 있다. 그때 금순이가 놀란 것은 공장 담보다 몇 배 더 높은 시멘트 굴뚝이었다. 굴뚝에서 콸콸 쏟아져 나오는 검은 연기가 새파란 하늘을 집어삼키는 모습이 어쩐지 무서워서 이모부 곁에 바짝 붙어 섰다. 이모부는 금순이 머리를 쓰다듬으며 세상이 저렇게 검게 변해간다고 말했다.

공장이 들어선 터에는 원래 뽕나무 몇 그루와 허름한 판자로 지은 잠업 전습소만 달랑 있었다. 그곳에 일본인이 들어와 넓은 뽕나무밭을 만들고 누에고치로 실을 만드는 제사공장을 세운 것이다. 공장은 검은 연기를 밤낮없이 토해냈고, 그곳에서 사람들은 밤낮없이 일했다. 그 공장에 여공으로 취직한 인순이가 금순이의 친정집 이웃에 살았다. 인순이가 보통학교를 졸업하고 제사공장에 취직했을 때 마을 사람들은 인순이가 진사 급제라도 한 듯 인순이 아버지를 부러워했다. 가난한 시골 형편에 남들은 아들도 공부를 못 시키는데 딸을 공부시켜 여공을 만들었다며, 이제 인순이 월급날에 효도받을 일만 남았다며 떠들고 야단이었다.

공장 기숙사 생활을 하던 인순이가 첫 휴가를 받아 집에 왔을 때 어린 금순이의 눈에도 인순이가 예전과 달라 보였다. 인순이는 부모 형제와 함께 쭉 살아온 고향집을 퍽이나 낯설어하더니 마치 자신은 그 집에 산 적이 없다는 듯 말했다.

"대관절 이게 사람 사는 집인가?"

그날 밤 금순이 또래 여자아이들이 인순이 집에 모였다. 공장에 대해 묻는 질문마다 나오는 대답은 듣는 족족 별천지 같은 이야기였다. 거대한 기계가 있는 작업장은 밤낮없이 돌아가고 건물 안은 전깃불로 낮처럼 환하다고. 최신식 기숙사는 100여 칸이나 되고, 식당에는 삼시 세끼 쌀밥이 나오며, 목욕탕은 전기로 8분만 데우면 더운물이 콸콸 쏟아진다고 했다. 도서실은 신문과 잡지로 가득하고, 강당에서는 정기적으로 영화나 강연회가 열린다고도 했다. 그런 곳에서 인순이는 아침에 눈을 뜨면 공원처럼 되어 있는 옥상에서 라디오에 맞춰 아침체조를 하고, 낮에는 작업장에서 열심히 일하고, 저녁에는 휴식시간을 즐긴다고 했다. 공장에는 보통학교를 졸업하지 못한 사람들을 위한 야학도 있고, 봄가을에는 소풍도 가고 체육대회도 한다고 했다. 가장 놀라운 것은 월급이었다. 수백 년을 집 안에 갇혀 살던 여자가 집 밖에서 돈을 버는 것이야말로 천지가 개벽할 일이었다. 여자가 번 돈으로 온 가족이 먹을 쌀과 고기를 사고 동생을 학교에 보내고 시집갈 돈까지 모은다니! 골방에 모인 여자아이들은 인순이를 우러러보았다.

'쥐구멍에도 볕들 날이 있다더니, 나도 인순이 언니처럼 살 수 있을까?'

금순이는 남자에게서 경성이니, 공장이니 하는 말을 들으며 열세 살에 가봤던 읍내와 이웃집 인순이가 했던 이야기를 떠올렸다. 이제는 돌아갈 친정이 있는 것도 아니고 혈육은 생사도 알 수 없는 처지. 무엇보다 시집으로 돌아가는 게 죽기보다 싫었다. 경성에 가서 공장에 취직이 된다면 사람답게 살 수 있을지도 몰랐다. 어쩌면 아버지와 남동생을 수소문해 만날 수 있을 것도 같았다.

단 한 가지 걸리는 것이 있다면 생면부지 남자를 따라가는 것. 그러나 그 남자는 자신의 생명을 건져준 사람이 아닌가. 그런 사람을 믿어야지, 누굴 믿는단 말인가. 금순이는 스스로를 설득시켰다. 설령 그게 아니더라도 벼랑 끝에 선 금순이에게 더이상 선택의 여지가 없었다. 되돌아가고 싶지 않으면 새로운 모험에 뛰어들 수밖에. 금순이는 생전 꾸어보지 못한 꿈을 꾸기 시작했다.

마침내 금순이는 남자를 따라 경성으로 왔다. 경성에 도착한 첫

날, 남자는 청계천변 하숙집에 금순이를 데려다 놓고 잠깐 볼일 좀 보고 오겠다며 나가서는 돌아오지 않았다. 금순이는 돈 한 푼 없이 영문도 모른 채 하숙집에 홀로 남겨져 하루, 이틀, 사흘 이러지도 저러지도 못하고 괴롭기만 한데, 홀아비인 하숙집 주인은 금순이의 상황을 약점 삼아 점점 노골적으로 추근댔다. 금순이가 더이상 견딜 수 없는 지경이 되었을 때 낯선 여자가 금순이를 찾아왔다.

낯선 여자는 카페 '평화'의 여급 기미꼬였다. 기미꼬는 하숙집에서 심부름하는 아이가 카페 전화를 빌리러 왔다가 두서없이 늘어놓은 이야기를 듣고 단번에 상황을 알아챘다. 외롭고 불쌍한 사람을 그냥 못 지나치는 기미꼬의 성격이 발동했다. 동병상련이라면 동병상련이고 협기라면 협기였다.

기미꼬는 금순이를 하숙집에서 데리고 나와 며칠 동안 카페 방에서 함께 지냈다. 그러다 카페에서 동생처럼 지내는 여급 하나꼬와 의논해 수표동에 방 하나를 얻어 세 명이 함께 살았다. 생활비는 기미꼬와 하나꼬가 대고 집안일은 금순이가 맡아서 했다. 각자 외롭고 힘들게 살아온 세 여자는 고달픈 운명이 맺어준 가족이 되어 서로 믿고 의지하며 살게 되었다. 그런데 금순이를 하숙집에 맡기고 사라졌던 남자가 돌아왔다. 남자는 카페로 기미꼬를 찾아와 금순이를 내놓으라고 다그쳤다. 마치 제 물건을 기미꼬가 훔쳐가기라도 한 듯 위협했지만, 역시 산전수전 다 겪은 기미꼬는 달랐다. 차분하고도 능청스럽게 비꼬는 말로 남자의 허를 찔렀다.

건축, 근대소설을 거닐다

"대체, 처음 들어가자마자 하루에 2원 70전씩 준다는 공장은 어디에 있는 무슨 공장이요? 금순이는 그만두구라도 우선 나부터 좀 넣어주슈. 이젠 카페 여급 노릇도 아주 지긋지긋허니…."

그 사이 카페 안은 환하게 불이 켜지고 활짝 열어젖힌 창문에는 구경꾼들이 대롱대롱, 남자는 분노와 굴욕으로 붉어진 얼굴로 허겁지겁 카페를 빠져나갔다.

사실 남자의 정체는 가난한 시골을 떠돌던 여공 모집책이었다. 금순이가 부러워했던 인순이의 공장 생활은 사실이 아니었다. 인순이가 했던 이야기는 신문과 잡지에 소개되었던 공장 이미지였다. 공장은 첨단 설비와 각종 편의시설을 갖춘 이상적인 노동 공간이고, 그곳에서 일하는 여공은 선망의 대상으로 그려졌지만 현실은 정반대였다. 차츰 공장의 실체와 여공의 실상이 외부에 알려지면서 여공 모집이 어려워지자, 급기야 '여공 모집책'이 등장해 정보가 느린 궁벽한 농가의 딸들을 꾀어냈는데, 대개 공장 월급을 부풀려 부모와 소녀를 속이고 공장에 넘겼다. 그 정도면 그나마 다행이었다. 여공 모집을 미끼로 유혹해 대도시의 유곽이나 심지어 일본, 만주로 팔아넘기기도 했다.

금순이를 경성으로 데려온 남자의 속셈도 그랬다. 경성에서 며칠 동안 금순이를 데리고 놀다가 비싼 값을 받고 팔아버릴 작정이었다. 그 계획이 틀어진 것은 남자가 금순이를 하숙집에 데려다놓은 뒤 길에서 우연히 알고 지내던 노름꾼을 만났기 때문이다. 잠깐 노름이나 하고 금순이에게 돌아갈 생각이었지만 하필 그날따라 노름 운이 너무 좋았다. 자정이 넘도록 노름을 하다가 갑자기 들이닥친 사복경찰에게 잡혀 종로경찰서에서 한 달을 살고 나왔던 것이다.

남자의 잠깐 실수가 금순이에게는 천만다행이 되었다. 그러나 조선의 수많은 금순이에게 그런 천만다행은 드물었다. 여공 모집이라는 감언이설에 속아 고향을 떠난 어린 여성들은 도시에서 온갖 위험에 노출되었다. 설령 다행히 공장에 취직했더라도 돈을 벌어 가족을 돕고 결혼 자금까지 마련하는 것은 이룰 수 없는 꿈이었다. 밖에서 보는 공장과 안에서 경험하는 공장, 사업주가 말하는 공장과 직공이 노동하는 공장은 달라도 너무 달랐다.

여공 간난이의 변신

금순이가 기미꼬, 하나꼬와 함께 세든 수표동 집에는 여섯 가구가 들어 살았다. 집주인이 애당초 임대용으로 지은 것인지 아니면 개조한 것인지는 몰라도, 한 칸 반 혹은 두 칸 크기의 방 하나에 살림을 할 수 있도록 간이 부엌이 딸려 있었다. 겨우 솥을 걸고 나뭇단이나 쌓을 정도의 부엌은 연기로 천장과 벽이 시커멓게 그을어 있었다. 겨울이 되어 추위로 부엌문을 활짝 열 수 없을 때에는 그 연기가 방으로 고스란히 들어왔다. 공동으로 사용하는 대문은 잠기는 일이 없었다. 집주인이 사는 안채는 떨어져 있는데다 따로 문이 있어서 집주인과 세입자의 영역은 구분되었다.

금순이의 옆방에는 방적공장에 다니는 여공 네 명이 살았다. 네 사람이 살기에는 작은 방이지만 공장이 2교대로 돌아가기 때문에 네 명이 동시에 한 방을 쓸 일은 거의 없었다. 여공들은 금순이 또래였고 금순이는 금순이대로 공장에 대한 사연이 있어서 옆방 여공들에게 관심이 갔다. 더구나 기미꼬와 하나꼬가 직업상 남들 잘 시간에 퇴근해서 금순이는 친구 삼아 옆방 여공과 저녁밥을 같이 먹으며 공장 이야기라도 듣고 싶었다.

그러나 여공들은 너무 바빴고 너무 지쳐 있었다. 주간이든 야간이든 집에 오면 곧 잠들어버렸고 깨어 있는 시간에는 좀처럼 집에 붙어 있지 않았다. 특히 여공 간난이가 가장 바빴는데 비가 오건 눈이 오건 공장에서 돌아오면 밥 한술 후다닥 먹고 나가 밤늦게야 돌아왔다. 이상한 것은 공장에서 퇴근할 때는 분명 파김치가 되어 있었는데 나갔다가 밤중에 돌아올 때는 생생하게 살아나 있었다.

'연애라도 하는 걸까?'

금순이가 궁금해 하자 세상물정 밝은 기미꼬가 소근댔다.

"헛, 연애가 아니라 혁명을 한단다."

간난이는 동대문밖 제사공장 여공이었다. 제사·방적업은 조선에서 여공을 가장 많이 뽑는 업종이었다. 근대화된 기계 설비로 운영되는 대규모 공장이라서 여공 숫자만 해도 적으면 수백 명, 많으면 수천 명에 이르렀다. 대자본과 근대적인 조직이 필요한 만큼 공장주는 대부분 일본인이었다. 일본에 공장법이 생기자 일본에 있던 제사·방적 회사들까지 조선으로 공장을 옮겨왔다. 조선은 일본의 공장법이 적용되지 않고 임금도 훨씬 낮아서 가장 싸고 오래 일을 시키면서 가장 많은 이익을 얻을 수 있었기 때문이다.

임금 체계는 민족과 성별에 따라 달랐다. 일본인 남성 노동자의 임금이 가장 높았고, 조선인 남성 노동자와 일본인 여성 노동자가 일본인 남성 평균임금의 절반가량이었다. 조선인 여성 노동자는 조선인 남성 노동자 임금의 절반이었고, 조선인 미성년 노동자는 조선인 성인 여성 노동자 임금의 또 절반이었다. 제사공장과 방직공장 노동자 절대다수는 조선인 여성이었고 그중에서도 미성년 여성 노동자가 많았다.

업무 내용도 민족과 성별에 따라 달랐다. 일본인 남성은 공장 감독이나 관리자였고, 조선인 남성은 일본인 남성 밑에서 통역을 하거나 여공들을 감시하는 역할이었다. 여공의 작업시간은 12시간이고 주야 2교대였지만, 13시간 이상씩 일하는 경우가 많았다. 휴식시간은 오전에 10분, 오후에 10분, 점심시간은 30분, 공휴일은 한 달에 이틀이었다.

여공 대부분은 공장 기숙사에서 살았지만, 간난이는 공장 일을 하다가 알게 된 사람들과 방을 구해 출퇴근하는 통근공이었다. 캄캄한 새벽에 일어나서 씻고 먹고 도시락까지 챙긴 뒤 한참을 걸어 동대문 밖에 다다르면 새까맣게 더러워진 시멘트 굴뚝 입구에서 시커먼 연기가 피어오르는 것을 볼 수 있었다.

철망이 쳐진 높다란 담벼락을 통과하자 톱니 모양의 지붕과 거무스름하게 변한 콘크리트 벽이 나타났다. 작업장 남쪽 벽면과 천장은 모두 유리로 되어 있어서 여름이면 끓는 가마 속같이 뜨거웠다. 공장에서 만드는 비단실은 미국 수출용이라서 광채를 내느라 특별히 온도가 더 높았다. 사시사철 120도를 유지했는데, 실이 쉽게 끊어진다는 이유로 바깥바람도 들이지 않았다. 작업장은 수백 명 젊은 여성들의 땀내와 고치 삶는 냄새로 진동했다. 남자 직공이 초벌 삶은 고치를 갖다 주면 간난이는 펄펄 끓는 가마 속에 들어부었다. 고치는 끓는 물속에서 물고기 뛰듯 했다. 간난이는 가마에서 뽑혀 나오는 고치의 실 끝을 찾아 번개같이 돌아가는 기계에 댔다. 간난이의 눈과 손가락과 온몸은 덜거덕거리며 돌아가는 기계의 한 부분처럼 움직였다.[1] 어느새 간난이의 손등은 시뻘겋게 익고 손끝은 물에 불어서 허옇게 변했다. 귀밑으로는 땀이 빗방울처럼 흘러내렸다.

작업장을 기둥 없이 더 넓게 사용하려고 천장을 트러스구조로 만들고, 그 아래 제사 기계들을 두 줄로 마주 놓고 가운데에 통로를 내었는데, 남자 감독들은 가운데 통로를 왔다 갔다 하며 양쪽 여공들을 감시했다. 남들보다 속도가 느리거나 실수를 하는 여공이 보이면 사정없이 때리고 벌점을 매겼다.

"뚜우."

점심시간을 알리는 소리가 났다. 여공들은 일시에 기계에서 손을 떼고 식당으로 이동했다. 늦게 가면 자리가 없어 마당에서 점심을 먹어야 했다. 고작 30분인 점심시간에 우물쭈물하다간 목이 메도록 찬 밥덩이를 삼켜야 했다. 식당 안은 기다란 나무판자를 이편 끝에서부터 저편 끝까지 네 줄로 이어놓았고, 그 위에 밥공기와 수저를 놓았다. 밥은 안남미를 쪄서 풀기가 없는데다 석유 냄새로 고약했다. 반찬은 소금덩어리 새우젓인데, 비린내가 나서 먹을 수 없을 정도였다. 그래도 배고픔에 장사 없다고 여공들은 처음에는 배탈이 나고 설사도 했지만, 어느새 적응이 되어 목구멍으로 잘도 밀어넣었다. 그렇게 허술한 밥마저 공짜가 아니라 여공 월급에서 나갔다. 간난이같은 통근공들은 아무리 몸이 고되어도 악착같이 도시락을 싸왔다.

점심시간 20분이 지나자 작업 예비종이 울렸다. 말이 예비종이지 10분이라도 더 일을 시키려는 꼼수였다. 간난이는 여공들과 우르르 작업장으로 돌아갔다. 허옇게 퉁퉁 붇고 짓무른 손가락으로 다시 끓는 물에서 고치의 실 머리를 집어냈다. 두 손은 홍당무처럼 익고 두 눈은 아물아물했다. 열악한 조명 아래 눈앞만 내려다보며 숨쉴 틈 없이 계속되는 작업은 여공의 눈을 근시안으로 만들었다. 거기에 저편 발전소에서 일어나는 소음과 작업장 기계 소리까지 합쳐져 하늘이 무너지고 땅이 꺼질 듯한 소리가 났다. 귀에서는 전봇대 우는 소리가 들리고 입에서는 침이 바짝바짝 말랐다. 등허리는 부러질 것 같고 손발은 장작같이 뻣뻣해졌다.

건축, 근대소설을 거닐다

오후 6시, 다시 사이렌이 울렸다. 교대 시간이었다. 기계 소리가 순식간에 뚝 그치고 야근할 여공 수백 명이 홍수처럼 밀려들어왔다. 간난이는 실 감긴 틀을 뽑아 들고 작업장 밖에 있는 감정실로 갔다. 뽑은 실의 마디가 많거나 윤기가 나지 않으면 벌금을 물어야 했다. 남자 감독에게 밉보이기라도 하면 버는 돈보다 벌금으로 나가는 돈이 더 많을 때도 있었다.

통근공인 간난이와 달리 기숙사 여공들은 일을 마쳐도 공장 밖으로 나갈 수 없었다. 외출은 금지되었고 작업장과 식당, 기숙사만 왔다 갔다 할 수 있었다. 기숙사는 벽돌로 지은 2층 양옥인데, 4평 미만의 방을 10여 명씩 사용했다. 취침시간은 저녁 9시. 기숙사 전깃불이 일시에 꺼지면 잠자는 것 말고는 다른 것은 할 수 없었다. 기숙사 출입문 위에는 환한 전등불빛이 밤새도록 켜져 있었다. 더 심하게 여공을 감시하는 공장은 기숙사 문간에 수위가 교대로 번을 서게 하거나 따로 망루를 설치했다. 공장을 둘러싼 담벼락이 높은데도 철망까지 쳐놓은 곳도 있었다. 기숙사가 아니라 감옥이었다. 그렇게 통제를 받는 생활이 때로는 약이 되기도 했다. 여공들은 한 방에 함께 자면서 많은 정보를 교환하고 진한 동료애로 단단해졌다.

일본인 감독의 사무실은 10여 명이 모여 회의할 수 있을 정도로 넓고 깨끗했다. 리놀륨 마룻바닥에 연둣빛 모직이 깔려 있고 테이블 앞에는 부드럽고 두툼한 의자가 놓여 있었다.[2] 남성 관리자들이 하룻밤씩 자는 숙직실도 여공 기숙사보다 모든 것이 위생적이고 잘 갖

취져 있었다. 문 입구에 전화가 걸려 있고 방에는 다다미를 깔았다. 잘 정돈된 벽장 앞에는 깨끗한 일본 요와 이불과 방석이 넉넉했다. 자기 화로에 얹힌 무쇠 주전자에서는 찻물이 끓어올랐고 그 옆으로는 다기와 행자목 바둑판이 놓였다.[3] 남성 감독의 공간에 여공이 불려오면 회유, 협박과 폭행이 일어났다.

간난이가 퇴근 후 집에 들렀다가 가는 곳은 독서회였다. 독서회는 노동자와 사회주의 지식인의 비밀 모임이었다. 그래서인지 모이는 장소는 자주 바뀌었고 남의 눈에 쉽게 띄지 않는 환경이었다. 예를 들면 미로 같은 골목에 있는 집이라든지 문간채와 안채가 서로 등을 대고 있으면서 출입문이 따로 있는 집이었다.

독서회에 오면 《우리는 왜 가난한가?》와 같은 책을 함께 읽고 토론했다. 그런 다음 각자 공장의 노동 상황을 보고하고 앞으로 할 일을 정했다. 그 무렵 공장들은 경제공황을 트집 삼아 몇 년째 임금을 깎아왔는데 곧 또 깎을 눈치였다. 임금문제만이 아니라 열악한 노동환경, 일본인 감독의 폭력과 성희롱, 벌금제와 강제저축으로 여공들의 삶은 갈수록 피폐해졌다. 모임에 참석한 여공들은 몸은 피곤했지만 눈은 반짝였고 말소리는 뜨거웠다. 몰래 공장 담벼락 철망을 넘어 달려온 기숙사 여공도 있었다. 그만큼 절실했기에 위험을 무릅쓰고 온 여공들은 용기와 결의로 충전되어 돌아갔다.

그날 간난이는 새로운 임무를 맡았다. 다니던 제사공장을 그만두고 인천에 있는 대동방적공장으로 옮기기로 했다. 인천 대동방적은 여공만 1000여 명이 될 정도로 아주 큰 공장이었다. 여공 기숙사는 100여 칸이 넘고 온갖 기계는 경성에서 못 보던 것이라고 했다. 고치 삶는 가마는 경성 공장보다 열 배나 크고, 실 끝을 끌어 붙이는 사기 바늘도 한 사람당 한두 개가 아니라 수십 개이고, 감독도 다섯이 아니라 삼십 명이라고 했다. 통근하는 여공은 아예 뽑지 않고 전원 기숙사 생활이 철칙이었다. 달리 말하면 그만큼 억압과 착취와 통제가 심한 곳이었다.

간난이는 장차 그곳에서 할 일을 찬찬히 머릿속으로 그려보았다. 대동방적에 들어가서 맨 먼저 할 일은 공장 뒷담에 외부와 연락할 통로를 만드는 것이었다. 규모가 큰 공장일수록 담은 높고 튼튼했다. 대동방적의 담은 몇 길이나 되는 시멘트 콘크리트 위에 벽돌을 까맣게 올려 쌓은 철벽이었다. 바늘 구멍만 한 틈도 없다면 담 밑에 뚫린 수챗구멍을 찾아볼 생각이었다. 어떤 식으로든 통로를 마련하면 외부에서 만든 종잇조각을 들여와 함께 취직한 독서회 여공들과 기숙사 방방마다 돌릴 계획이었다. 그렇게만 되면 여공들은 아침에 일어날 때마다 종잇조각을 발견하고 머리를 맞대며 읽게 될 것이다. 종이에는 공장의 문제점들을 알기 쉽게 조목조목 해설까지 덧붙여 쓰여 있다. 처음에는 이상하게 여기던 여공들이 차츰 고개를 끄덕이다가 나중에는 이렇게 말할 것이다.

"이걸 누가 들여보내는지는 몰라도 여기 쓰인 글이 꼭 맞구나, 얘!"

그쯤 되면 공장 감독들도 눈치 채고 눈에 불을 켜고 간난이 무리들을 찾아 나설 것이다. 결국엔 하나둘씩 발각되어 두들겨 맞고 쫓겨나겠지. 어쩌면 무슨 적색노조와 엮여 구속될지도 모른다. 간난이는 거기까지 계산했다. 그런데도 두렵지 않았다. 이미 다른 사람들이 그렇게 해온 것을 봐왔고 또 앞으로도 계속 그런 사람들이 나올 것을 알기 때문이다. 세상에 공짜란 없는 법이니 그만한 대가를 치러야 다른 세상이 올 것이라고 생각했다.

더 나아가 간난이는 대동방적에서 쫓겨난 후 자신의 뒤를 이어 일할 사람을 이미 점찍어두었다. 바로 며칠 전 경성에 와서 같이 지내는 고향 친구 선비였다. 간난이와 선비는 모두 고향 마을에서 악덕한 지주에게 유린을 당한 뒤 버림받고 쫓겨났다. 먼저 당한 간난이가 넋나간 듯 경성으로 흘러와 공장에 들어간 뒤 변하기 시작했다. 그곳에서 만난 여성 노동운동가를 통해 차츰 사회 현실에 눈을 뜨고 노동자의 자의식을 갖게 되었다. 말 못하던 짐승이 말하는 사람으로 환생한 기분이었다. 스스로 존재 의미와 가치를 깨달은 감격은 삶의 버팀목이 되었다. 간난이는 그 감동의 자존감을 선비도 느끼게 해주고 싶었다. 선비는 간난이를 따라 인천 공장에 가기로 약속했지만 아직 간난이가 노동운동을 하는지는 몰랐다. 간난이는 자신이 대동방적에서 쫓겨나기 전에 선비가 학대받던 여성에서 단단한 노동자로 변한 모습을 상상해보았다. 간난이는 두려움보다 설렘이 앞섰다.

건축, 근대소설을 거닐다

아홉 살 인쇄공 창선이

박준구는 신문사 취직운동에 실패한 뒤 일주일 동안 돈 한 푼 없이 살았다. 그런데도 굶어 죽지 않았다. 삼청동 꼭대기집 문간채 방바닥에 껌처럼 붙어서 숨 쉬는 기력마저 아낀 탓이다. 맥없이 누워 천장만 쳐다보는 내내 절감한 것은 인텔리의 무기력이었다.

'그깟 인텔리가 뭐라고, 개에게 던져주어도 안 물어갈 인텔리의 자존심이 뭐길래 노동판에 나가기가 이렇게 어려운가. 인텔리가 아니었다면, 처음부터 노동자였다면 노동을 했거나 거지가 되었거나 어쨌든 비상수단을 썼을 것이다. 그러나 인텔리는 그럴 용기도 의지도 없구나.'

방바닥에 널브러진 박준구를 일으켜 세운 것은 고향집에서 온 전보였다. 내일 아침에 아들 창선이가 경성역에 도착한다는 소식에 정신이 번쩍, 박준구는 쩔쩔매다가 돈을 구하러 돌아다녔다. 한참 만에 겨우 변통한 15원으로 풍로니, 냄비니, 숟가락이니 살림살이를 사놓고, 전에 잡지사에 다녔을 때 알았던 인쇄소로 향했다. 활자 뽑는 일을 하는 문선과장을 찾아가 어린아이 하나 써달라고 통사정을 했다. 문선과장은 처음에는 박준구의 먼 친척쯤 되는 아이로 짐작하고 불경기 핑계를 대며 요리조리 빠져나가려다가 그 아이가 박준구의 아들이라는 사실에, 그것도 아직 보통학교도 안 나온 아홉 살이라는 사실에 기절초풍했다. 문선과장이 한참 동안 입만 벌리고 있다가 겨우 꺼낸 말은 이랬다.

"허허, 세상에나…. 우리 같은 사람도 이 짓을 하면서 자식 공부시키려고 죽을 둥 살 둥 하는데, 도리어 배운 양반이 보통학교도 안 마친 자식을 공장에 보내요?"

"그야, 내가 공부를 해보니 영 쓸데없습디다. 학교에 보내봤자 사람 구실도 못 할 테니, 자식 놈에게는 기술을 가르치려는 거지요. 그리고 기왕 배우려면 아주 어려서부터 가르쳐야겠다 싶어서…."

며칠 뒤 박준구는 아들 창선이를 인쇄소 문선과장에게 맡기고 혼자 삼청동 언덕길을 오르며 중얼거렸다.

"레디메이드 인생이 비로소 임자를 만나 팔렸구나."

그때 오래전 형이 보낸 편지 한 구절이 떠올랐다.

"그 어린 것이 굶기를 밥 먹듯 하는데도 남의 집 아이들 학교 다니는 것을 부러워하는 꼴은 차마 애처로워 볼 수가 없구나."

'애처로워 볼 수가 없구나, 애처로워….'

박준구는 그 대목이 목에 걸린 가시처럼 따끔거렸다. 애처롭다는 그 말을 문선과장도 했다.

"정 그러시다면 내 자식같이 잘 데리고 있으면서 일이나 착실히 가르쳐드리겠지만, 그래도 원, 너무 어린데 애처롭잖아요?"

박준구의 입에서 쎅쎅거리는 소리가 났다. 숨이 찼다. 오르막길 때문인지 숨 막히는 현실 때문인지는 모르겠지만, 어디 누구 하나 걸려들기만 하면 멱살이라도 잡고 패대기를 치고 싶었다.

'애처롭다, 애처롭다, 애처롭다…. 남들이 그 말을 할 때 이 애비 마음은 어떻겠소? 그래도 그게, 자식 놈에게는 낫겠다 싶어서, 나중에 나 같은 사람은 되지 말라고. 그런데 이 기분은 뭐지? 쿵 하고 뭔가 무너져내리는 이 기분은….'

박준구는 저 아래 가회동 한옥단지를 내려다보았다. ㄴ, ㄷ, ㅁ자 모양의 고급 개량 한옥들이 바둑판처럼 착착 줄지어 앉은 풍경이 무척이나 평화로웠다. 박준구는 문득 궁금해졌다.

'저곳에 사는 사람들은 누구일까. 왜 나는 저곳에 살 수 없는 걸까.'

"배워라, 글을 배워라. 지식만 있으면 누구나 양반이 되고 잘살 수 있다."

박준구는 어린 시절 숱하게 들었던 말이 생각났다. 가슴속에서 뭔가 부글부글 끓어올랐다. 하늘에 대고 삿대질이라도 하고 싶은 심정이었다.

'흥! 지식만 있으면 누구나 양반이 되고 잘살 수 있다고? 거짓말! 저 아래 한옥단지에 살고 있는 사람들이 어디 '누구나'란 말이요? 말 좀 해보시오. 순진한 어린아이 귀에 대고 불가능한 꿈을 꾸도록 세뇌시킨 인간들! 어른들의 그 말만 믿고 공부한 나는 이제 와 내 자식놈에게 공부 따윈 필요 없다고 가르치고 있으니, 이 모순에 대하여, 이 절망에 대하여 어디 설명 좀 해보시오!'

종연방적주식회사 동대문공장 전경.
지금의 신설동 대광고등학교 자리에 있었던 공장으로,
종연방적주식회사 동대문공장 광고에 포함된 사진이다.

동양방적주식회사 인천공장 전경.
동양방적주식회사 광고에 포함된 인천 만석동 공장 사진으로,
강경애의 장편소설 〈인간문제〉에서 간난이가 취직한
인천 대동방적 공장의 모델이었다.

1930년경 부산 조선방적회사 전경.
당시 이곳에서는 면방직을 하는 동시에 약 1000여 대의
역직기와 막베를 대량생산했다.

숭인동 조선제사주식회사 공장 내부 모습.
제사 기계들을 두 줄로 배치하고 가운데 통로에서는
남자 감독들이 왔다 갔다 하며 여공들을 감시했다. 속도가 늦거나
실수를 하는 여공이 보이면 사정없이 때리고 벌점을 매겼다.

태평로의 대해당인쇄주식회사(우)는 1920년 일본인이 자본금 10만 엔으로
창업한 것으로 환판, 석판, 오프셋 인쇄, 활자 주조를 했다.
견지동에 위치한 한성도서주식회사(좌)는 사장이 조선인이었고
1920년 도서 출판 및 인쇄업 회사로 설립되었다.

인쇄공장 내부 모습.

식자 작업을 하고 있는 노동자들.

| 11장 |

종로 거리

종로 빌딩의 추억

종로는 조선시대부터 육의전을 비롯한 시전 상가가 형성된 상업 중심지였다. 종로 네거리에는 도성의 각 문을 여닫는 시각을 알리는 종루(보신각)가 있었는데, 여기에서 종로라는 이름이 비롯되었다. 종로의 별칭 운종가雲從街처럼 종로는 예로부터 구름처럼 많은 사람이 모이던 곳이었다.

일제강점기에도 종로는 조선인의 상업 중심지로서 명맥을 이어갔다. 화신백화점이 있던 종로 네거리는 전차와 버스 노선이 집중된 교통 중심지로서 조선인의 왕래가 가장 빈번한 곳이었다. 종로 네거리에 한 시간만 서 있으면 별의별 사람을 다 볼 수 있었다. 전차를 기다리는 사람에서부터 인력거를 타고 가는 기생, 책보를 끼고 걷는 여학생, 여학생 복장을 하고 자동차를 타고 가는 은군자, 형사, 기자, 협잡꾼, 부랑자, 단발랑, 아편 중독자, 거지에 이르기까지 나이, 성별, 계급에 관계없이 사람들로 넘쳤다.[1]

빠르게 흘러가는 인파 속에 기미꼬와 하나꼬와 금순이가 있었다. 어쩐 일로 세 사람이 함께 화신백화점으로 들어갔다. 곧 부잣집 맏며느리가 될 하나꼬의 결혼 준비를 위해서였다. 하나꼬의 신랑 될 사람은 카페 '평화'에 손님으로 왔던 약사였다. 경성에서 행세한다는 집 아들인데 이미 결혼을 해서 자식을 둘이나 두었지만 하나꼬에게 반해 결혼을 약속하며 죽자 살자 매달렸다. 하나꼬를 동생처럼 아끼는 기미꼬는 그런 남자가 경박하고 미덥지 못했다. 지금 당장은 하나꼬에게 푹 빠져 있지만 또 언제, 어떻게 마음이 변할지 누가 안단 말인가. 더구나 하나꼬의 아버지는 구루마꾼, 어머니는 안잠자기였으니 부잣집에서 가난한 집안 출신의 여급을 맏며느리로 받아들일 턱도 없었다.

그러나 남자는 하나꼬와 결혼하려고 이혼까지 했고, 남자 부모는 자식 이기는 부모 없다고 결국 하나꼬와의 결혼을 허락했다. 그래도 기미꼬는 하나꼬의 앞날이 불안했다. 남자의 본처만 해도 아무 죄 없이 이혼을 당하고 자식들과 생이별하게 되었으니 그것도 죄라면 죄가 될 터였다. 그러나 행복해하는 하나꼬를 보며 결혼을 말리느니 차라리 행복을 빌어주자고 마음을 바꿨다.

건축, 근대소설을 거닐다

과연 행세한다는 집의 위세는 대단했다. 남자 부모는 신부측 사람들을 결혼식에 부르지 않으려고 결혼식 장소를 구태여 멀리 백천온천으로 정했다. 기미꼬도 갈 수 없었고, 하나꼬의 부모도 신분이 다르다는 이유로 딸 결혼식에 참석할 수 없었다. 결혼식장에서 신부를 축하해줄 사람은 아무도 없었다.

그게 또 안쓰러워 기미꼬와 금순이는 하나꼬의 결혼 준비에 팔을 걷어붙였다. 남자가 하나꼬에게 결혼 준비에 필요한 돈을 보냈으니 돈 걱정은 안 해도 되었다. 세 사람은 남촌에 있는 백화점과 종로 포목전을 네 시간 반이나 돌아다니다가 마지막에 화신백화점으로 향했다.

화신백화점은 박흥식이 1931년 종로 네거리에 있던 화신상회를 인수해 근대적인 백화점으로 성장시킨 곳이었다. 박흥식은 화신상회를 인수한 뒤 기존 목조 2층 기와집 두 채를 콘크리트 3층 건물로 증개축하고, 1층 도로변에 회전식 쇼윈도를 설치했다. 500평이 된 건물에 남녀 종업원 153명을 고용하고 1932년 5월에 새로 문을 열었다. 야심가였던 박흥식은 경성에 진출한 일본계 백화점보다 늦게 시작했지만, 경성 최고의 미쓰코시백화점을 경쟁 상대로 삼았다. 처음에는 미쓰코시보다 규모가 작고 상품도 다양하지 않았지만 경영 방식에는 손색이 없었다. 조선인 상권 중심지에서 박흥식이 내세운 마케팅 전략은 '민족'이었다.

"화신백화점은 민족자본으로 설립한 민족백화점이다!"

화신의 구호는 일제 치하에서 위축되었던 조선인의 마음을 자극했다.[2]

그런데 화신백화점이 당면한 경쟁자는 남촌의 미쓰코시백화점이 아니라 바로 옆에 있는 동아백화점이었다. 동아백화점은 최남이 1932년 1월 개업했는데, 최남은 원래 조선상업은행 행원이었다가 잡화상점을 창업한 인물이다. 1925년 파고다공원 근처 동아부인상회를 인수해 전국 지점을 둘 정도로 성공을 거두자 백화점 사업으로 확장하려 했다. 마침 1931년 화신상회 옆에 민규식이 4층짜리 건물을 신축했고, 최남은 그 건물 2층부터 4층까지 임대해 동아백화점을 열었다.

동아백화점 건물은 한국의 근대건축가 박길룡이 설계했다. 박길룡은 1898년 종로에서 영세한 미곡상인의 장남으로 태어났다. 어려서부터 가난 때문에 온갖 고생을 하다가 경성공업전문학교 건축과를 졸업하고 조선총독부에 건축기수로 취직했다. 1932년 종로에 건축사무소를 개업하기까지 박길룡은 부업으로 조선인의 건물을 설계하곤 했다. 동아백화점도 그중 하나인데, 1931년 5월에 착공해 그해 12월 준공했다.

동아백화점은 지하 1층, 지상 4층 규모로 모던한 건물이었다. 평면은 종로 가로변을 따라 긴 장방형이고, 입면은 아무런 장식 없이 수평띠 모양의 긴 창문으로 되어 있었다. 판매시설답게 1층 한쪽에 쇼윈도를 설치했다. 매장은 1층 일부에서부터 3층까지였고, 4층에는 대형 식당과 휴게실을 두었다.

동아백화점과 화신백화점은 서로 인접한데다 고객층이 조선인으로 한정되었기 때문에 경쟁이 상상을 초월했다. 걸핏하면 할인 대매출을 했고 지나친 경품 행사로 '제 살 깎아먹기'식 경영을 일삼았다. 화신백화점이 기와집 한 채를 경품으로 내걸면 동아백화점은 문화주택을 경품으로 내놓는 식이었다. 막대한 손실 속에서 최종 승자는 화신백화점이었다. 1932년 7월 박흥식은 동아백화점을 인수 합병하고, 두 건물 사이에 육교를 설치해 고객이 양쪽을 자유롭게 오가며 쇼핑할 수 있도록 만들었다. 그 후 육교 왼쪽에 있는 기존 화신백화점 건물은 '화신 서관'으로, 오른쪽 동아백화점 건물은 '화신 동관'으로 불렸다.

1935년 1월 27일 오후 7시 30분경 화신백화점에서 큰 화재가 발생했다. 불길은 삽시간에 서관을 다 태우고 동관으로 번졌다. 이 사건 이후 박흥식은 신속하게 근처 YMCA 회관 옆에 있던 종로경찰서 구관에 임시영업소를 개설했다. 반쯤 타버린 동관은 아예 한 층 더 올려 5층으로 증개축을 하고 1935년 9월부터 영업을 재개했다. 전소한 서관은 인근 부지까지 사들여 새로 짓기로 했다.

1937년 11월, 화신백화점은 종로 네거리 모퉁이(지금의 종로타워빌딩 자리)에 지하 1층, 지상 6층 규모의 신관을 개점했다. 종로에서 가장 높은 건물이 된 화신 신관은 연면적이 2000평이 넘어 구관과 합치면 화신 전체 면적은 2500평에 달했다. 면적으로 치면 2300평의 미쓰코시백화점을 누르고 조선 최대의 백화점이 된 것이다. 규모도 규모였지만 신관은 당대 최고의 조선인 건축가로 인정받았던 박길룡의 대표작이기도 했다.

화신 신관은 전반적으로 선이 굵고 강건한 분위기였다. 건축 양식으로 보면 서양 고전주의 양식을 단순화시켜 모더니즘 건축에 가깝게 지었다. 정면과 주 출입구를 종로 네거리 모서리에 두어 건물 인지도를 높였으며, 굵직하게 쭉 뻗은 사각기둥과 수직창으로 구성한 입면은 묵직한 분위기를 더했다. 자칫 대형 건물에서 느낄 법한 무미건조함은 처마 끝 '덴틸오너먼트'나 기둥머리의 몰딩 장식, 주 출입구의 시계 장식 같은 정교한 꾸밈으로 보완했다. 신관과 구관은 예전처럼 육교로 연결되었는데, 육교 아래에는 피맛골로 통하는 골목이 있었다. 골목이 없었다면 화신백화점은 거대한 단일 건물로 지어졌을지 모른다.

하나꼬, 기미꼬와 금순이는 화신 신관에 들어왔지만 도무지 돌아다닐 기분이 나지 않았다. 그때까지 꼬박 네 시간 반 동안 쇼핑하느라 피곤도 하고 배도 고팠기 때문이다. 세 사람은 곧장 5층 화신식당으로 가기로 했다. 1층 엘리베이터 앞은 사람들로 북새통이었다. 백화점 고객만이 아니라 살 물건이 없는데도 엘리베이터를 보러 오는 사람이 많았기 때문이다. 엘리베이터를 타면 뱃멀미를 하듯 어지럽다는 둥, 올라갈 때 하늘로 붕 떠오른다는 둥 하는 이야기가 돌 만큼 어린아이부터 시골 노인까지 엘리베이터는 아무리 봐도 신통방통한 물건이요, 아무리 타도 질리지 않는 놀이기구였다. 그들 옆에서 금순이는 얼마 전 자신을 떠올리며 빙그레 웃었다. 하나꼬와 기미꼬는 잔뜩 사들고 온 물건들이 무거워 양미간에 주름이 갔다.

백화점 식당은 가족 단위 고객에게 인기가 많았다. 더러는 친구들과 오고 더러는 애인과 왔지만, 대부분은 자녀들을 데리고 와서 행복한 시간을 보냈다. 그래서 식당은 백화점에서 가장 신경 쓰는 편의 시설 중 하나였다. 백화점마다 식당을 고급스럽게 꾸미고 일급 요리사를 초빙해 다양한 메뉴를 선보였다.

"언니, 여기는 행복한 사람들만 오는 곳인가 봐. 저 표정들 좀 봐. 어쩜 다들 저렇게 편하게 보일까."

"저 사람들은 돈이 있고 시간이 있으니까. 너도 이제 그렇게 될 텐데 뭐. 결혼하면 신랑이랑 자주 오렴."

하나꼬와 기미꼬의 대화를 듣는 둥 마는 둥, 금순이는 옆 테이블에 바리바리 쌓아둔 물건들이 여간 신경 쓰이는 게 아니었다. 옷감, 핸드백, 양산, 비단 양말, 화장품, 슈트케이스, 에나멜 구두…. 배달을 시켜도 될 것을 굳이 들고 다닌 것은 남들에게 자랑하고 싶은 마음 때문이었다. 지나가는 식당 여급들이 눈을 둥그렇게 뜨고 볼 정도로 어지간히 많았다. 그 모습을 바라보는 하나꼬의 얼굴이 뿌듯한 기색으로 가득했다.

"아버지, 난 양요리가 좋아."

"아니야. 어머니, 난 닭고기 탕반이 좋아."

하나꼬 일행은 일제히 소리 나는 쪽을 보았다. 맞은편 테이블에 귀여운 여자아이 둘과 젊은 부부가 앉아 있었다. 여자아이는 미국의 유명한 아역배우 셜리 템플처럼 차려입었고 젊은 아버지는 짧은 머리에 양복 차림이었으며 젊은 어머니는 단발에 양장을 하고 있었다. 그들은 방금 갔다 온 꽃구경 이야기로 화기애애했다. 하나꼬는 젊은 부부를, 기미꼬는 두 아이를, 금순이는 부부와 아이들을 모두 바라보며 각자 상념에 빠져들었다.

하나꼬는 자신을 끔찍이도 아끼는 남자와 휴일이면 꽃 구경을 가고 백화점 식당에 들르는 장면을 상상했다. 기미꼬는 하나꼬 남편의 전처가 낳은 두 아이를 생각했다.

'차라리 남자가 이혼한 게 아니라 사별했더라면, 이혼을 했더라도 하나꼬를 만나기 전에 했더라면. 아이들은 하나꼬 때문에 친모가 이혼당했다는 것을 알고 있을까. 그렇다면 하나꼬를 새엄마로 받아들일 수 있을까. 큰 애가 아들이라고 했지? 차라리 둘 다 딸이었으면…'

기미꼬는 만만치 않을 하나꼬의 결혼생활이 눈앞에 보였다.

금순이는 병으로 죽은 어머니와 이제 행방조차 알 길 없는 아버지와 남동생을 생각했다. 맞은편 가족처럼 부유하거나 세련되지 않더라도 가족은 든든한 존재였다. 혹독한 시집살이를 하다 여공 모집책의 꾐에 빠져 경성에 와 살게 된 시간들도 주마등처럼 스쳐 지나갔다. 아버지, 남동생과 헤어진 지도 벌써 삼 년이 되었다.

'행여나 그 사이 아버지가 자신을 만나러 시집에 들렀을까? 그랬

건축, 근대소설을 거닐다

다면 독한 시부모에게 고약한 대접을 받았을 텐데.'

금순이는 혈육에 대한 그리움이 걷잡을 수 없이 솟구쳤다.

세 사람은 비빔밥을 시켜 먹고 옥상정원으로 올라갔다. 옥상정원은 엘리베이터만큼이나 인기가 많은 곳이었다. 식물로 정원을 만든 뒤 그 주변에 분수대, 연못, 온실, 다실과 전망대를 설치했다. 경성에서 옥상정원을 처음 선보인 곳은 1930년에 준공한 미쓰코시백화점이었다. 미쓰코시백화점 옥상정원이 인기가 많았던 것은 전망대에서 조망하는 도시 풍경이 볼 만했기 때문이다. 일본인들이 이주하면서 가장 화려하게 변모한 본정과 황금정 일대의 대형 호텔, 은행, 관공서, 상점과 교통 중심지에 즐비한 차와 전차를 한눈에 볼 수 있었다.

화신백화점 옥상정원은 미쓰코시백화점만큼의 전망은 아니었지만, 높은 건물이 없는 종로에서 경성의 중심부를 볼 수 있는 최고의 위치였다. 조금 전 엘리베이터를 함께 탔던 시골 노인들도 옥상정원에 와 있었다. 그들은 까맣게 높은 곳에서 내려다보는 거리가 어지럽다며 겁을 내면서도 쉴 새 없이 두리번거렸다. 기미꼬는 종로 최고의 위치에서 최고의 정성을 담아 하나꼬에게 조심조심 말했다.

"하나꼬, 내가 몇 번이나 말하지만 시집 사람들에게 첫눈에 들도록 노력해야 해. 어른, 아이 할 것 없이, 아랫것들까지 모든 사람에게 책잡힐 일, 흉잡힐 일을 해선 안 된다. 네가 여염집 색시가 아니고 여급을 하던 여자라서 모든 사람이 으레 색안경을 쓰고 볼 거야. 너로서는 대단치 않은 잘못을 해도, 누구나 흔히 하는 실수를 해도, 그 사람들은 있는 그대로 보지 않고 으레 놀던 계집이라서 그렇다고, 배우지 못해 그렇다고 함부로 말할 거야. 너야 괴롭겠지. 괴로워도 정신바짝 차려야 한다. 아무리 슬프고 원통해도 아무에게나 함부로 말해서도 안 돼. 그저 지극정성으로 지내다 보면 그쪽에서도 누군가 하나쯤은 네 편이 되어줄 거야. 남편에게도 할 말, 못 할 말 있으니 매사조심하고…."

기미꼬의 한 마디 한 마디에 사랑과 염려가 실려 있었다. 하나꼬도 기미꼬의 당부를 차곡차곡 기억 속에 담아두었다. 두 사람의 모습은 자못 엄숙하기까지 했다. 옆에서 듣고 있던 금순이는 사 년 전, 시집가기 전날 자신에게 차근차근 일러주던 가엾은 어머니가 생각나 눈시울이 붉어졌다.

세 사람은 옥상정원에서 감동의 시간을 보낸 뒤 6층 가구부에서 경대를 구입하는 것으로 그날 쇼핑 일정을 마쳤다. 그들이 점원에게 배달을 부탁하고 정문으로 나오는데, 문간 모퉁이 담배가게에서 담배를 사서 나가던 소년이 갑자기 걸음을 멈추고 금순이의 얼굴을 뚫어져라 쳐다보았다. 그게 이상해서 금순이도 고개를 돌려 소년을 보았다.

"아!"

그것은 기적의 감탄사였다.

"누나!"

"순동아!"

두 사람은 서로의 손을 굳게 붙잡고 멍하니 마주 보며 눈물을 줄 줄 흘렸다. 옆에서 그 장면을 지켜보는 기미꼬와 하나꼬도 서로 고개를 끄덕이며 울음을 삼켰다.

남매의 재회를 축하하려는 듯 때마침 화신 신관 조명이 환하게 켜졌다. 건물 입면에 빼곡히 설치된 외등과 건물 정면의 꽃 모양 네온사인이 화려하게 종로의 밤을 밝혔다. 옥상에 설치된 길이 10미터, 높이 1미터의 전광판도 번쩍거렸다. 전광판에 촘촘히 꽂힌 전구에 불이 켜지고 꺼지면서 글자가 돌아 움직이는 것처럼 보였다. 얼마 전부터 〈조선일보〉가 최초로 시작한 '전광 뉴스 보도'였다.

화신 신관 맞은편에서 전광 뉴스를 노려보는 사람이 있었다. 종로 뒷길에 있는 인쇄소에서 어린 아들 창선이를 데리고 나와 종각 앞을 지나던 박준구였다. 종로에서 가장 높은 건물의 가장 높은 곳에서 빛나는 뉴스를 보며 박준구는 얼마 전 신문사에서 맛보았던 좌절감과 어린 아들을 공장에 보내야 하는 쓸쓸함으로 어지러웠다. 창선이는 창선이대로 학교가 아닌 공장을 다니게 되어 하루 종일 풀이 죽어 있었다.

그런데 종로 네거리에 들어서자마자 창선이가 달라졌다. 눈앞에 펼쳐진 종로의 휘황찬란한 야경에 창선이는 한창 호기심 많고 활발한 아이로 살아났다. 전차도 전차지만 웬 자동차며 자전거며 인력거가 이렇게 쉴 새 없이 달리는지, 거리에 사람들은 또 왜 이렇게 많은지, 웬 집들이 이렇게 높고, 간판들은 왜 이렇게 큰지, 시골에서 영리

하기로 소문난 창선이는 놀라 입이 딱 벌어졌고 마음은 걷잡을 수 없이 들떴다.

"저기가 무슨 집이에요?"

그동안 아버지가 어색해 말도 제대로 하지 못하던 창선이가 입을 열었다.

"저기? 화신상…, 화신 데파트먼트."

박흥식이 화신상회를 인수해 백화점으로 개점한 지가 언제인데 사람들은 아직도 입에 익은 대로 화신상회라고 부르고 있었다. 박준구도 화신상회라고 하려다가 아들에게 잘난 체를 하고 싶어서 일부러 '데파트먼트'로 고쳐 말했다.

"화신 데파…, 저기 아무나 들어가요?"

"응, 아무나 들어가지. 우리는 오늘 말고 공장 노는 날에 가서 실컷 놀자꾸나."

박준구는 공장이라는 단어를 입 밖에 내며 다시금 속이 쓰렸다. 창선이는 실망하는 기색도 잠시, 종로 대로변 양측에 쭉 늘어선 건물들을 구경하느라 정신이 없었다. 박준구는 놓칠까 봐 꼭 잡은 아들 손에서 열기를 느꼈다.

두 사람은 종각에서 종로 대로를 따라 동대문 방향으로 걸었다. 창선이는 조명이 쏟아지는 한청빌딩 1층 쇼윈도 앞으로 쪼르르 달려갔다. 쇼윈도 안에서 꼼짝도 하지 않고 옷감을 들고 서 있는, 사람을 쏙 빼닮은 마네킹이 마냥 신기한 모양이었다. 그렇게 한참을 보다가 창선이는 몇 걸음 뒤로 물러서더니 한청빌딩 건물 전체를 올려다보았다.

한청빌딩은 1934년 7월 착공해 1935년 7월 준공된 지하 1층, 지상 4층 건물이었다. 1층은 점포였고 2층부터 4층까지는 임대사무실이었다. 상업공간인 1층 기단부는 석재를 사용했고 상층부는 타일로 마감했다.[3]

한청빌딩을 보던 창선이는 갑자기 무슨 생각이 들었는지 고개를 획 돌려 길 건너편 화신 신관과 구관을 다시 살폈다. 그러고는 뭔가 재미있는 것이라도 발견한 듯 뿌듯한 표정으로 말했다.

"어? 세 집이 크기는 달라도 외모가 닮았네. 형제들인가 봐."

아이다운 표현이긴 했지만 창선이의 눈은 정확했다. 화신 구관과 신관, 한청빌딩은 모두 박길룡이 설계한 건물이었다. 한청빌딩이 준공되고 나서 한 달 뒤에 화신 구관이 기존 4층에서 5층으로 증축되었고, 2년 뒤에는 화신 신관이 준공되었다. 박길룡이 인접한 위치에서 비슷한 시기에 비슷한 기능의 건물들을 설계했던 것이다. 그래서인지 세 건물은 층은 달라도 건물의 얼굴이라고 할 입면이 비슷했다.

박길룡은 입면의 수직적 요소로서 하나의 스팬(span, 기둥과 기둥 사이)에 세 개의 좁고 긴 수직창을 한 세트처럼 규칙적으로 배열했다. 또 입면의 수평적 요소로서 1층 쇼윈도 상부와 맨 위층 하부에 수평 띠를 두르고 각 층마다 수평 부재를 넣었다. 입면을 구성하는 수직과 수평 요소가 닮았으니 창선이의 표현대로 닮은꼴 형제라고 할 만했다.

　창선이는 한청빌딩에서 좀더 내려가 기독교 서적을 파는 기독교성
서공회 빌딩도 찬찬히 보았다. 1930년 4월 착공해 1931년 6월 지하 1
층, 지상 4층 규모로 준공된 건물인데, 내부에는 엘리베이터도 있었
다. 설계를 필리핀에서 활동하던 건축가가 했기 때문인지 주변의 다
른 건물에 비해 창 면적이 상당히 넓어 개방적인 분위기였다.[4]

　좀더 내려가면 영보빌딩이 있었는데, 1935년경에 준공된 이 빌딩
(지금의 미려빌딩 자리)은 이천승이 설계했다.[5] 이천승은 박길룡이 졸
업한 경성공업전문학교의 후신 경성고등공업학교를 건축과 수석이
아닌 전교 수석으로 졸업했다. 졸업 후 잠시 박길룡건축사무소에서
일하다가 일본 최고의 엘리트들이 모였던 남만주철도주식회사에 시
험을 쳐서 입사했다. 이천승은 만주국의 수도 신징(지금의 창춘) 도시
계획팀에서 일하면서 처음으로 도시계획을 배웠는데, 그 경험으로
해방 후 서울시 도시계획을 입안하고 건축법과 도시계획법 초안을
마련했다.

　5층짜리 영보빌딩은 당시에 일류 빌딩으로 통했던 건물이었다. 구
조는 철근콘크리트였고 외벽은 벽돌로 마감했는데, 박스 형태에 좁
고 긴 창문을 반복적으로 배열해 건물이 훨씬 높아 보였다.

　창선이는 이번에도 돌아서서 건너편 건물을 쳐다보았다. 건너편에
는 YMCA 회관(기독교청년회관)이 있었다. 또 새로운 것이라도 발견한
듯 싱긋 웃으며 말했다.

"저 집은 다른 집들하고는 많이 다르네. 다른 집들은 네모반듯한 모양이고 지붕도 평평한 것 같은데, 저 집은 벽돌인데다 지붕이 삼각형이야. 창문도 다른 집들은 네모반듯한 사각형인데 저 집은 창문 위가 눈썹 모양으로 동그란 것이 서양인이 지은 학교를 닮은 것 같기도 하고…. 여기하고 거기 집은 4층, 5층, 6층인데 저 집은 3층이고. 음, 그렇다면 저 3층짜리 벽돌집은 다른 집들보다 훨씬 먼저 지어졌을 거야."

아이는 사물을 관찰하며 스스로 질문하고 답을 찾아가는 과정이 꽤나 즐거운 모양이었다. 인쇄소에서 나왔을 때와는 사뭇 다른 표정이었다.

'제대로 먹지 못해 비쩍 마른 얼굴에 저렇게 생기가 돌게 만드는 게 뭘까?'

아들을 바라보는 박준구의 마음이 복잡해졌다.

이번에도 창선이의 추론은 맞았다. YMCA 회관은 1907년 11월 착공해 1908년 12월 준공했는데, 1916년 공간이 협소해 똑같은 건물을 동쪽으로 이어서 증축했다. 그러니 한청빌딩, 기독교성서공회빌딩, 영보빌딩보다 20년 이상 앞서 지어진 건물이었다. 또 중국 개항장에서 유행하던 영국 빅토리아조 후기 스타일로 지었기 때문에 모던한 다른 빌딩들과는 건물 형태, 재료와 장식이 달랐다.

YMCA 회관은 고전주의 양식에서 볼 수 있는 삼각형 모양의 페디먼트pediment, 아치창, 경사진 지붕을 가졌고 고전적 장식이 사용되었다. 주 재료는 선교사들이 짓던 건물에 많이 사용하던 적벽돌이었다. 창선이가 YMCA 회관과 다르다고 했던 건물들은 모더니즘 건축이 한창 유행하던 1930년대에 지어진 것들로, 철근콘크리트구조, 평지붕, 장식을 절제한 단순한 형태가 특징이었다. 1930년대 종로의 스카이라인을 대표했던, 당시로서는 고층 건물들이었다.

YMCA 회관은 실내 공간도 주변 빌딩과 달랐다. 대부분 상업시설이거나 업무시설이던 종로의 다른 빌딩과 달리 YMCA 회관은 문화 교육시설이었다. 1층에는 목공과 철공 실습실, 교실, 점포, 식당, 욕실이, 2층에는 강당, 체육실, 친교실이, 3층에는 일반 교실과 교사실이 있었다. 실기교육을 받거나 체육활동을 위해 모인 사람들을 대상으로 계몽과 선교사업을 펼쳤기 때문에 강당은 상당히 중요한 공간이었다. 강연회, 환등회, 토론회, 음악 공연 같은 다양한 프로그램이 그곳에서 열렸고 항상 조선인들로 붐볐다.[6]

박준구는 시골에 있는 형이 왜 창선이를 공부시켜야 한다고 신신당부했는지 비로소 이해가 되었다. 박준구는 어린 아들의 관찰력과 호기심을 지켜보며 이율배반을 느꼈다. 공장이 아닌가? 싶다가 공부인가? 싶으면 그다음이 문제였다.

'나처럼 팔리지 않는 레디메이드 인생이 되면 어쩌나.'

박준구의 생각은 갈대마냥 이리 휘청, 저리 휘청하면서도 마음 밑바닥에서 뿌듯함이 솟구쳐 올랐다. 어느새 자식에게 공부를 가르치지 않겠다던 박준구의 단단한 결심은 금이 가기 시작했다.

건축, 근대소설을 거닐다

맞은편 YMCA 회관 출입구로 갑자기 많은 사람이 몰렸다. 강당에서 열리는 '라디오 강습회'를 들으러 온 사람들이었다. 윤 직원집 대복이는 달려오느라 숨을 몰아쉬며 서둘러 회관 안으로 들어갔다.

종로 대로는 달리는 자동차와 전차의 경적 소리로 시끄러웠다. 그 속에 인력거꾼 김 첨지가 바람 소리를 내며 내달렸다. 김 첨지의 인력거 안에는 남촌 조지아백화점 앞에서 탄 민 주사와 안성댁이 있었다. 민 주사는 인력거를 타자마자 코를 골며 잠에 빠졌고, 안성댁은 민 주사를 졸라 조금 전 구입한 반지를 만지작거렸다. 그 시각 춘심이는 윤 직원의 사랑방에서 내일 미쓰코시 런치를 사달라며 조르고 있었다.

그날 허영세 부부는 남촌 고급 상점을 돌며 문화주택에 어울릴 듯해 산 물건들을 꺼내놓으며 소감을 늘어놓았다.

"역시 본정이 최고야. 종로는 아직 멀었어. 가로등만 해도 본정은 방울꽃 모양으로 갓을 씌운 것이 수천 개잖아. 진열창 불빛과 어우러져 불야성을 이루지. 그래서 밤에 남산에서 내려다보면 금가루를 뿌려놓은 것 같다지. 본정이 봄이라면 종로는 겨울, 종로는 광막하고 쓸쓸하지만 본정은 번화하고 찬란한 곳이지. 안 그렇소, 부인?"

서로 마주 보며 환한 미소를 짓는 부부의 뒤편에는 먼지가 뽀얗게 내려앉은 피아노가 있었다.

야시장과 선술집 군상들

금순이 아버지와 남동생 순동이는 고향을 등진 뒤 여러 곳을 전전했다. 부산에서 일본 밀항을 시도하다 결국 포기하고 금순이보다 먼저 경성에 와 있었다. 경성에서 금순이 아버지는 공사판에서 품팔이를 했고, 순동이는 종로 당구장에서 일했다. 금순이가 순동이와 재회한 화신 신관은 순동이가 하루에도 몇 번씩 당구장 손님의 담배 심부름을 다니던 곳이었다.

금순이와 순동이가 가까운 곳에 있으면서도 모르고 지내다가 결국 만나게 된 것은 화신백화점 위치가 한몫했다. 종로에서 유동인구가 가장 많은 종로 네거리, 그중에서도 가장 높은 건물인 화신백화점은 단연 종로의 랜드마크였다. 그 앞에 있으면 아는 사람 몇 명쯤은 하루에도 여러 번 만날 수 있었다.

그러나 순동이는 화신백화점 같은 곳에서 금순이를 만나리라고는 상상도 하지 못했다. 백화점은 먹고사는 문제가 전부였던 순동이에겐 관심 밖의 장소였다. 대신 순동이가 금순이를 떠올리며 그리워했던 곳은 서민적이고 개방적인 종로 야시장이었다.

종로 특유의 맛과 멋이 살아 있던 종로 야시장은 1916년경 개설되었다. 야시장은 매년 4월부터 10월까지 종각 앞 전차 교차점에서부터 종로 3가 단성사 부근까지 열렸는데, 그때마다 200~400명이 개점 허가를 신청할 정도로 성황을 이루었다. 광목으로 한 평씩 천막

건축, 근대소설을 거닐다

을 친 채 10촉짜리 전등을 켜고 땅에 좌판이나 돗자리를 깔고 물건 파는 모습은 종로 밤거리의 장관이었다. 야시장 상인들은 자릿세로 보증금 5원과 세금 2원을 내고 세숫비누, 거울, 빗 같은 실용적인 생활용품을 팔았다. 크림 한 병과 머릿기름 한 병은 각각 10전이었고, 만병통치약으로 통했던 두꺼비 기름은 한 갑에 5전이었다. 대개 두 가지를 사면 15전, 한 가지를 사면 10전 하는 식이었다. 야시장은 물건만 사고파는 곳이 아니었다. 별의별 방법으로 손님을 끌어들이고 물건값을 흥정하는 장면은 웬만한 쇼 저리가라였다. 차력, 내기 장기, 내기 바둑, 마술쇼도 열렸고, 아코디언을 연주하는 구루무 장수도 있었으며, 점쟁이와 관상쟁이도 한쪽에 자리 잡았다. 아이들은 저녁밥을 먹고 나면 야시장 구경을 가자고 부모를 졸랐고, 근처에 사는 사람들은 바람이라도 쐴 겸 가볍게 그곳을 어슬렁거렸다. 시골에서 상경한 사람들은 필수 관광 코스로 삼아 구경하곤 했다.[7]

순동이는 야시장에서 오이를 한 10전어치 사가지고 돌아가는 젊은 여자의 뒷모습을 보고 '앗, 누나다!' 하고 달려간 적이 한두 번이 아니었다. 물론 그것은 그리움이 만든 착시였다. 착각을 확인한 뒤 여자가 인파 속으로 사라지면 손안에 있던 모래가 스르륵 빠져나가는 것처럼 허망했다. 그래도 이렇게 사람이 많은데 행여나 누나 금순이를 보게 되지는 않을까 싶어 순동이는 틈나는 대로 야시장을 배회했다. 그러나 화신백화점에서 금순이를 만난 뒤부터 야시장은 순동이가 수표동에 사는 금순이를 만나러 갈 때 거치는 즐거운 장소가 되었다.

그날도 순동이는 수표동으로 가는 길이었다. 한청빌딩 근처 야시장에서 누군가 쉴 새 없이 외치는 소리가 들렸다. 가까이 가보니 노점 앞에서 늙은 농사꾼이 지게 가득 복숭아꽃이 달린 나뭇가지를 가리키며 외치고 있었다.

"우리 마누라를 얻은 해에 둘이서 이 복숭아나무를 심었소이다. 근데 그 마누라가 죽었수다. 하얀 쌀로 된 죽이 먹고 싶다기에 지주한테 꾸러 간 사이에 죽었소. 그래 난 복숭아 가지를 죄다 꺾어 짊어지고 왔소이다. 사주시오. 한 가지에 20전. 많이는 필요 없소. 20전이면 되오. 마누라가 죽었으니 나는 이걸 팔아치워 술을 마시고 뻗어볼랍니다. 아니, 왜들 웃고만 있소. 사주시오, 제발."

구경꾼들은 점점 많아지는데 누구 하나 복숭아 꽃가지를 사겠다는 사람이 없었다. 구경꾼들은 다들 서로 마주 보며 키들키들 웃기만 했다.

"사주시오, 제발."

늙은 농사꾼의 목소리에 울음이 섞여 나왔다. 순동이는 병든 어머니가 죽던 날 밤이 생각났다. 주머니를 뒤져봤지만 농사꾼에게 줄 만한 돈은 없었다. '당구장에 가서 20전이라도 빌려볼까?' 하고 망설이는데 맞은편에서 걸걸한 목소리가 들려왔다.

"그거 다 주시오."

순식간에 구경꾼들 웃음소리가 뚝 그쳤다. 늙은 농사꾼은 이게 무슨 소리인가 하고 멍하니 서 있다가 서 참위가 꺼낸 지폐 몇 장을 보고서야 머리가 땅바닥에 닿도록 절을 했다. 서 참위는 터벅터벅 지게로 다가가 꽃가지 두 개를 집어 들고 물끄러미 쳐다보았다. 그중 하나를 안 초시에게 건네고 빙 둘러 서 있는 구경꾼에게 말했다.

"뭣들 하시오. 꽃가지 값은 다 냈으니, 다들 복숭아 꽃가지 하나씩 가져가시오. 지게가 가벼워야 영감님이 편하게 가지 않겠소."

농사꾼을 조롱하던 구경꾼들은 말 잘 듣는 아이처럼 주섬주섬 꽃가지 하나씩을 챙겨 흩어졌다. 순동이도 꽃가지 하나를 들고 수표동으로 향했다. 서 참위와 안 초시는 복숭아 꽃가지를 어깨에 둘러메고 기독교성서공회빌딩 쪽으로 내려갔다. 대여섯 명의 거지 아이들이 서 참위 일행을 졸졸 따라왔다. 종로는 오가는 사람이 많은 만큼 거지도 많았다. 늙은 거지들은 쭈그리고 앉아 행인들에게 손을 내밀었고, 어린 거지들은 무리를 지어 다녔다. 안 초시는 거지 아이들에게 눈을 흘기며 손을 휘저었다. 그렇게 쫓지 않고 동전 몇 개라도 던져주면 다른 거지들까지 쫓아와 서로 머리를 부딪치며 몸싸움을 벌이기 일쑤였다.

서 참위와 안 초시는 영보빌딩과 악기점을 지나 오른편으로 꺾어 우미관 골목길로 들어섰다. 바로 우미관이 보이고 카페, 바, 선술집, 마작집, 음식점, 여관이 즐비한 뒷골목이 나타났다. 레코드 소리가 요란하게 들리고 양복이나 흰옷 입은 사람들이 이리저리 돌아다니는 게 보였다. 실없는 농담은 잘 하지만 경우 바르고 인심 좋은 서 참위를 알아보고 인사하는 사람이 제법 있었다. 서 참위 덕에 싼 방을 얻은 여급들이 창문가에서 인사를 하며 "꽃, 저 주세요" 하자 서 참위는 안 초시의 꽃가지까지 다 건네주었다.

손이 가벼워진 두 사람은 선술집으로 들어갔다. 입구에는 서 참위의 복덕방에 걸린 베 헝겊처럼 세 폭의 천으로 된 휘장이 걸려 있었다. 휘장 한 폭에 한 자씩 '평양옥'이라고 쓰여 있었다. 간판 역할도 하고 안이 보이지 않는 가림막 역할도 했다. 키 큰 서 참위가 휘장을 젖혀 키 작은 안 초시를 먼저 들어가게 했다. 뿌연 불빛 아래 별의별 사람들이 서로 뒤섞여 왁자지껄 떠들며 술을 마시고 있었다.

값싸고 간편하고 누구나 쉽게 드나들었던 선술집은 술 한 잔에 5전을 받고 안주는 뭐든 한 개를 마음대로 집어먹게 했다. 술청에는 좁고 긴 널빤지 위로 술잔이 널려 있고, 그 안쪽에 술을 담아주는 여자가 앉아 있었다. 사람들은 여자를 주모라 불렀다. 술청 오른편에는 커다란 유리를 끼운 진열장이 달렸고, 그 안에 양념을 한 여러 가지 안주들을 벌여놓았다. 손님이 술 한 잔 달라고 하면 주모는 놋 국자로 동이에 담긴 술을 떠서 잔에 부어주었다. 술잔은 밥사발보다 작은 사기잔이었다. 그렇게 술 한 모금 마시고는 진열장 속 안주 한 점을 집어먹거나 화로로 가져가 구워 먹었다. 화로는 한 열 개쯤 되었다.[8]

안주는 술 한 잔 값에 하나를 거저 주었지만, 안주 때문에 선술집을 찾는 사람도 많았다. 너비아니, 떡산적, 갈비, 빈대떡, 육회, 추어탕, 선짓국, 순댓국, 동태국 등 안주만으로 간이음식점 역할을 할 정도로 종류가 많고 푸짐했다. 술을 안 먹는 사람에게는 국밥을 따로 팔거나 술 15잔(75전어치)을 마시면 매운탕을 서비스로 내주기도 했다. 여러 가지 안주를 내놓는 대신 특색 있는 안주만 전문으로 하는 선술집도 있어서 하룻밤에 네댓 군데를 돌아다니며 술을 마시는 사람도 많았다.[9]

"자, 안 초시, 술 한 잔 마시게. 마시고 나서는 그만 툭툭 털고 일어나야지. 어디 사람 나고 돈 났지 돈 나고 사람 났다든가."

서 참위의 말에 안 초시는 더러운 소매 끝을 당겨 눈물을 닦았다. 안 초시는 요즘 와서 부쩍 울기를 잘했다. 황해 연안에 제2의 나진이 생긴다는 말은 가짜였다. 박희완은 사기꾼에게 속았고, 안 초시는 박희완의 말만 철썩같이 믿었다. 안경화는 그런 안 초시의 말을 듣고 무용연구소를 신탁회사에 맡기고 빌린 돈으로 황해 연안의 땅을 산 것이다. 돈벼락을 맞을 줄 알고 산 땅은 돈만 날리게 되었고, 진짜 벼락은 1원 한 장 만져보지 못한 안 초시에게 떨어졌다. 재물은 부모 자식 사이도 갈라놓았다. 결국 안 초시는 딸과 등지고 서 참위 복덕방에 와서 지내게 되었다.

미운정이 더 무섭다고 서 참위는 평소 티격태격하던 안 초시가 막상 기가 팍 꺾여 죽은 사람도 산 사람도 아닌 꼴이 되자 어지간히 안쓰러웠다. 음식을 도통 먹지 못하는 안 초시를 데리고 중국집으로, 추어탕집으로 다녔지만, 안 초시는 그저 눈물만 조용히 흘릴 뿐이었다. 그리고 이날은 밥보다 살아갈 의욕이 먼저라는 생각에 사람 사는 냄새 물씬 풍기는 야시장으로 안 초시를 데리고 나간 것이었다. 한 칸짜리 천막을 쳐놓고 살기 위해 애쓰는 사람들부터 종각 앞에 널브러져 있던 늙은 거지들을 봐도 무덤덤하던 안 초시가 마누라를 잃은 늙은 농사꾼에게는 반응을 보였다. 절망으로 몸부림치는 늙은 농사꾼을 보며 동병상련이라도 느낀 것일까. 어쩐 일로 안 초시가 입을 열었다.

"돈 있으면 저 복숭아 꽃가지나 좀 사주게. 그리고 술이나 한 잔 했으면…."

그래서 서 참위는 꽃가지 값을 얼른 치르고 안 초시에게 뭐라도 먹이려고 안주가 푸짐한 선술집으로 데려간 것이다. 다행히 안 초시는 술도 들이켜고 선짓국과 기름진 안주도 제법 먹었다. 그러나 여전히 말이 없었다. 술 한 잔 마시고 눈물 찔끔, 안주 한 점 먹고 콧물 찔끔, 간간이 서 참위를 쳐다보며 어색한 웃음을 지을 뿐이었다. 서 참위는 그런 안 초시를 지그시 쳐다보며 괜찮다는 듯 고개를 가만가만 끄덕였다. 안 초시는 취기로 온몸이 나른해졌다. 딸이 보고 싶었다. 왠지 오늘 밤에는 딸을 꼭 만나야 할 것 같았다. 그날 밤 두 사람은 술을 많이 마셨다.

다음 날 서 참위는 정오 무렵 겨우 일어났다. 안 초시와 해장술이나 하려고 복덕방으로 서둘러 나갔다. 복덕방 미닫이문을 밀어젖히는 순간 음습한 기운이 확 끼쳤다. 서 참위는 눈을 비비며 방 안을 들여다보았다. 방바닥에 약병이 널브러져 있었다. 약병 옆에 누워 있는 안 초시의 얼굴은 잿빛이었다. 입에는 피가 묻어 있었다. 서 참위는 그 자리에 털썩 주저앉았다가 한참 만에 정신을 차렸다.

서 참위는 파출소에 신고하기 전 안경화에게 먼저 알렸다. 안경화는 자신의 명예 운운하며 아비의 자살을 숨기고 싶어 했다. 서 참위는 명예를 생각하는 사람이 애비를 저 모양으로 만들었냐고 불을 뿜었지만, 결국 현실적인 타협을 했다. 안 초시의 자살을 비밀로 해줄 테니 최고의 장례식을 치르라고. 안 초시가 평소 입고 싶어 했던 옷을 사서 입히고 최고의 수의에 특등 묘지에 묻으라고. 그렇게 하지 않으면 가만 있지 않을 거라고 서 참위는 서슬 퍼렇게 말했다.

안경화무용연구소 마당에서 안 초시의 장례식이 거창하게 열리던 날, 계동 윤 직원의 집에는 도쿄에서 전보가 도착했다. 윤 직원 가문을 빛나게 할 4대 사업을 완수할 손자, 윤 직원의 마지막 희망이자 도쿄 유학을 마치면 장차 경찰서장이 될 그 손자가 사회주의운동을 하다가 경시청에 붙잡혔다는 전보였다.

쿵.

윤 직원은 방구들이 내려앉도록 주저앉았다. 곰발바닥 같은 주먹으로 땅땅 방바닥을 쳐대며 발광을 하고 짐승처럼 포효했다.

"이 죽일 놈! 이 태평천하에, 만석꾼의 집 자식이, 세상 망쳐놓을 사회주의 불한당패에 빠져서…. 이제 우리 집안은, 내 필생의 사업은. 으흥, 죽일 놈! 이 죽일 놈!"

그 무렵 창선이는 인쇄소에서 쫓겨났다. 문선과장이 조판을 가르치면 창선이는 조판보다 조판할 원고를 읽느라 정신을 못 차렸다. 창선이가 어찌나 달고 맛있게 글을 읽는지 문선과장은 차라리 창선이를 내보내야겠다고 결심했다.

"내 자식이 다른 것도 아니고 공부를 저렇게 하고 싶어 한다면 나는 피를 팔아서라도 공부를 시키겠소."

박준구에게 그 말을 하는 문선과장의 눈에는 부러움이 가득했다. 얼마 후 창선이는 학교를 다니기 시작했다. 박준구는 남에게 팔리기를 기다리는 레디메이드 인생에 마침표를 찍기로 결심했다. 서 참위를 통해 알게 된, 집장사 집을 짓는 목수 밑에서 기술을 배우기로 했다. 인텔리의 껍데기를 벗겠다며 노동판에 뛰어들면서 박준구는 깨달았다. 사람은 자신이 생각한 것보다 훨씬 복잡한 존재라는 것을. 인간의 역사에서 기술과 인문이 이분법적으로 구분될 수 없다는 것도. 그리고 한참 뒤, 오래전 그토록 하고 싶었지만 할 수 없었던, 시를 쓰기 시작했다. 노동이 룸펜의 무기력을 밀어내자 시는 허무가 아니라 희망이 되었다.

건축, 근대소설을 거닐다

종로를 관통하는 전차선로(1911년).
동대문 문루 쪽에서 종로 쪽을 바라본 풍경이다.
1899년부터 운행하기 시작한 전차는
오랫동안 시민의 발이 되었다.

화재 발생 후 증개축한 구관(동관)과 신축한 신관을 담은 사진 엽서.

화재 발생 전 화신백화점 동관과 서관 모습.

화신백화점은 박흥식이 1931년 종로 네거리에 있던
화신상회를 인수해 근대적인 백화점으로 성장시킨 곳이었다.
목조 2층 기와집 두 채였던 화신상회를 콘크리트 3층 건물로
증개축하고 1932년 5월에 새로 문을 열었다.
1932년 7월에는 인접한 동아백화점까지 인수 합병하고,
두 건물 사이에 육교를 설치해 고객이 양쪽을
자유롭게 오가며 쇼핑할 수 있도록 만들었다.
1935년 1월 큰 화재가 발생해 서관을 다 태우고
동관(옛 동아백화점 건물)은 일부만 남았다.
박흥식은 반쯤 타버린 동관은 한 층 더 올려 5층으로 증개축하고,
전소한 서관은 인근 부지까지 사들여
1937년 11월 지하 1층, 지상 6층의 신관으로 개점했다.
증개축한 동관과 화신 신관 모두
근대건축가 1호 박길룡의 작품이다.

화신백화점 신관 야경.
조선 최초의 설비로 옥상에 설치된 '전광뉴스판'과
'화화식花火式' 전기 장식탑, 건물 정면의 꽃 모양 네온사인,
건물 입면에 빼곡히 설치된 외등은 건물의 화려함을 극대화했다.

화신백화점 신관 실내.
(왼쪽 위부터 시계방향으로) 화신홀, 화신백화점 계단실,
지하실 입구계단 옆 휴게실, 식당이다.
화신백화점 식당은 가족 단위 고객들에게 인기가 많아서
백화점에서 가장 신경을 쓰는 편의시설 중 하나였다.

종로 YMCA회관.
1908년 준공된 고전주의 양식의 건물로, 1916년 공간이 협소해
똑같은 건물을 동쪽으로 이어서 증축했다.

종각 옆 한청빌딩 전경.
맞은편 화신백화점 신관,
구관 그리고 한청빌딩 모두
박길룡이 설계한 것으로
입면을 구성하는 방식이
유사했다.

영보빌딩.
경성고등공업학교 건축과를
전교 수석으로 졸업한
이천승이 설계한 건물로,
박스 형태에 좁고 긴 창문을
반복적으로 배열해
건물이 훨씬 높아 보였다.

남은 이야기

　1937년 중일전쟁 이후 전시 총동원체제가 강화되면서 건물은 점차 원래의 기능을 잃었다. 연극·영화·음악·무용 등을 공연하던 부민관은 시국강연회와 전시동원 연설장으로 바뀌었다. 연설자는 이광수와 모윤숙처럼 대놓고 나서는 사람부터 주춤거리며 끼어든 사람과 죽지 못해 겨우 한 발 걸친 사람까지 그 사연과 내막이 다양했다. 문인궐기대회가 열리면 총독부 무슨 각하, 조선군 무슨 각하부터 일본 작가, 조선 작가, 만주국 작가까지 군복이나 국민복에 예장을 갖추었다. 조선인 문인들의 유창한 일본말 연설이 끝날 때마다 우레와 같은 박수가 쏟아져 나왔다.

1945년 7월 20일, 부민관 대강당 무대 뒤에서 요란한 폭발음이 들렸다. 대한애국청년당원이 '아세아민족분격대회'에 참석한 총독부 고관과 친일 세력들을 처단하려고 폭탄을 터뜨렸던 것이다. 폭탄이 예정 시간보다 일찍 터지는 바람에 원하는 목적을 달성하진 못했지만 대회가 무산되었고 그 소식은 독립을 열망하던 사람들에게 힘이 되었다. 그로부터 한 달이 채 안 되어 일본은 패망했다.

　해방 후 부민관은 미군정이 임시로 사용하다가 1949년 서울시 소유가 된 뒤 국립극장으로 지정되었다. 한국전쟁이 끝나고 1950년대 중반부터는 국회의사당으로 개조해 사용되었다. 1970년대 중반 국회가 여의도 새 의사당으로 이전했을 때 서울시가 부민관을 철거할 계획이었지만, 1976년 세종문화회관이 세워지면서 별관으로 사용하기로 했다. 1980년 태평로 도로 확장공사 때 전면부 12미터가 도로에 포함되면서 정문과 현관 등 280평이 헐렸으며 시계탑은 소방서 탑처럼 되어 원래의 기능을 잃었다. 지방자치제가 실시되면서 1991년부터는 서울시의회 건물로 사용 중이다. 2002년 '태평로 구 국회의사당'이라는 명칭으로 '등록문화재 제11호'로 지정되었다.

　부민관 옆에 있던 〈조선일보〉와 인근 〈동아일보〉는 1940년에 강제 폐간을 당했다. 그때 조선총독부는 폐간 보상금으로 〈동아일보〉에 50만 원, 〈조선일보〉에 80만 원을 지불했다. 당시 일본군 전투기 한 대가 10만 원이었으니 결코 적은 돈이 아니었다. 1969년 〈조선일보〉는 태평로 사옥 뒤편에 지하 1층, 지상 6층짜리 사옥을 지어 이사하고 기존의 태평로 사옥은 철거했다. 그리고 도로 문제로 원래보다 뒤로 약간 물러난 자리에 국내에서는 처음으로 철골구조로 지하 2층, 지상 23층 건물을 올렸다. 2년이 걸려 완공된 고층 건물은 차관으로 지었기 때문에 원래 계획과 달리 〈조선일보〉 사옥이 아닌 외국인용 고급호텔로 사용되었다.

〈동아일보〉는 광화문 사옥을 계속 확장해나갔다. 1958년 사옥 남측으로 두 칸을 증축했고 1962년에는 위로 두 개 층을 올려 5층 건물이 되었다. 1968년에는 다시 한 개 층을 더 증축해 6층 건물이 되었다. 1992년 〈동아일보〉가 충정로 사옥으로 이전하면서 광화문 사옥은 리노베이션을 거쳐 1996년 일민미술관으로 개관했다. 2001년에는 유리와 스틸로 다시 리노베이션을 해 광화문 거리와 일민미술관 내부를 투명하게 연결하고, 옛것과 새것의 조화를 살렸다.

1927년 정동에 경성방송국이 개국할 당시 등록된 라디오 숫자는 1400여 대에 불과했다. 그러나 1930년대 말 즈음에는 그 수가 22만여 대로 늘었다. 라디오가 급속하게 보급되면서 영향력은 대단해졌다. 라디오 방송은 시국적인 내용으로 점점 바뀌었고 음악은 전쟁 수행의 도구가 되어 전시가요戰時歌謠와 군국가요軍國歌謠를 쏟아냈다. 1945년 8월 15일 경성방송국은 일본의 무조건 항복과 태평양전쟁 종료를 알리는 방송을 송출했다. 해방 뒤 '서울중앙방송국'을 비롯해 몇 차례 명칭과 기구 변경을 거쳐 지금의 한국방송KBS이 되었다. 경성방송국은 1957년 남산에 KBS 방송국이 새로 세워지면서 철거되었다. 현재 정동 덕수초등학교 운동장 한 귀퉁이에 경성방송국 첫 방송터 유허비가 서 있다.

종로 3가 단성사는 해방 뒤 제 이름을 되찾았고, 1990년대까지 한국 영화사와 한길을 걸었다. 그러나 2000년대 대기업의 멀티플렉스에 밀리면서 결국 2001년 철거되었다. 2005년에 지하 4층, 지상 9층 규모의 멀티플렉스로 재개관했지만 경영 악화로 여러 번 주인이 바뀌고 경매가 진행되는 등 우여곡절 끝에 2016년 '단성골드주얼리센터'로 정리되었다. 2019년 한국영화 100주년을 기념해 그 건물 지하에 '단성사 영화역사관'이 개관했다.

종각이 있는 종로 네거리 일대는 한국전쟁 때 화염에 휩싸였다. 인천상륙작전 뒤 유엔군이 인민군이 머물던 남촌에 폭격을 가하자 인민군은 도망가면서 종로 일대에 불을 질렀던 것이다. 인근 빌딩들의 피해가 컸다. 폐허가 되다시피 한 화신백화점을 박흥식이 보수해 다시 열었지만, 곧 신세계, 롯데, 미도파 같은 최신 백화점에 밀려 1987년 문을 닫았다. 화신백화점 건물은 보존 논란 끝에 그해 결국 헐렸고, 1999년 그 자리에 종로타워빌딩이 들어섰다.

화신백화점 부근에 있던 YMCA 회관도 한국전쟁 때 불에 탔다.

현재 건물은 건축가 김정수가 1960년대에 설계한 것이다. 화신백화점 맞은편에 있던 한청빌딩은 1960년을 전후해 한 개 층을 늘려 5층으로 증축했지만, 1978년 서울시에서 그 지역 전체를 매입하고 보신각을 2층으로 새로 세우면서 다른 건물과 함께 헐렸다. 기독교성서공회빌딩도 한국전쟁 때 불탄 뒤 한 개 층을 증축해 5층이 되었는데, 1970년 그 자리에 고려당빌딩과 종로서적 서관이 들어서면서 사라졌다. 종로서적은 2002년에 부도를 냈다가 종로타워빌딩 지하 2층에 새로 문을 열었다. 영보빌딩은 한국전쟁 뒤 몇 년간 한국외국어대학교 교사로 사용되었다. 1970년대 초반 지하철 1호선 공사 때 영보빌딩 일대 건물들이 철거되고 새로운 건물들이 들어섰다. 영보빌딩 자리에는 1973년 미려빌딩이 신축되었다.

우미관 골목도 한국전쟁을 거치며 불에 탔다. 그때 우미관도 한 차례 소실되었고 건너편에 있던, 서울에서 가장 맛있는 국화빵을 팔던 풍미당도 잿더미로 변했다. 우미관은 1959년에 화재로 전소되어 화신백화점 뒤로 옮긴 뒤 재개봉관으로 이름값만 유지하다가 1982년에 폐업했다. 종로의 밤을 밝히던 야시장은 1939년부터 열리지 않았다. 야시장 노점 허가 문제보다 전시체제에서 거래할 물품이 없었기 때문이다.

도시형 한옥과 문화주택은 1960년대 이후 근대화·산업화·도시화 과정에서 아파트가 본격적으로 건립되면서 점차 사라졌다. 문화주택은 일제강점기에 중상류층을 위한 고급주택으로 인식되었지만 해방 후 재건주택, 부흥주택, 후생주택 등 문화식 서민주택으로, 1960년대에는 중산층의 2층 양옥으로, 1970년대에는 일반적인 단독주택으로 변형되었다가 아파트 시대 이후 중하류층 주택으로 밀려났다.[1] 도시형 한옥은 2000년대에 와서 한옥의 재발견, 근대건축보존운동, 지역 정체성에 기반한 도시재생운동과 더불어 건축과 도시환경에 대한 인식이 변화하면서 북촌, 서촌, 익선동 일대에 남아 있는 단지들이 주목을 받게 되었다.

그리고 그때 그 사람들.

서 참위, 안 초시, 박희완, 안경화, 윤 직원, 춘심, 경손, 대복, 민 주사, 안성댁, 전문대생, 하나꼬, 기미꼬, 금순, 순동, 여공 모집책, 김 첨지, 박준구, 창선, 허영세, 방란장 주인, 영이, 순이, 간난이, 야시장 늙은 농사꾼…. 100년 전에 살았던 그 사람들은 오늘날에도 여전히 존재하고 있다. 인력거꾼 김 첨지는 택시운전사나 택배기사로, 삼청동 꼭대기 사글세방의 박준구는 옹색한 고시원의 취업준비생으로, 여급 영이와 순이는 무슨무슨 방의 도우미로…. 그들의 직업과 공간은 다양하게 변했지만 본질적으로는 100년 전과 어딘가 닮은 모습으로 오늘을 살아가고 있다.

등장인물 및 관련 장소 출처

서 참위, 안 초시, 박희완, 안경화 • 이태준 〈복덕방〉
윤 직원, 춘심, 경손, 대복 • 채만식 〈태평천하〉
민 주사, 안성댁, 전문대생, 하나꼬, 기미꼬, 금순, 순동, 여공 모집책 • 박태원 〈천변풍경〉
김 첨지 • 현진건 〈운수 좋은 날〉
박준구 • 채만식 〈레디메이드 인생〉의 'P'
창선 • 채만식 〈레디메이드 인생〉
허영세 • 현진건 〈피아노〉의 '궐'
방란장 주인 • 박태원 〈방란장 주인〉
소설가 구보, 신문사 사회부 기자 겸 시인 • 박태원 〈소설가 구보씨의 일일〉
영이, 순이 • 박태원 〈성탄제〉
인순 • 이기영 〈고향〉
간난이, 선비 • 강경애 〈인간문제〉
야시장 늙은 농사꾼 • 김사량 〈천마〉

이 밖에 직간접적으로 인용한 내용의 출처는 참고문헌에 수록했습니다.

주

1장 도시형 한옥

1. 전우용, 《서울은 깊다》, 돌베개, 2009, 333쪽.
2. 서울시사편찬위원회, 《서울건축사》, 서울시, 1999, 559~565쪽 표3, 4, 6의 통계 참고.
3. 강준만, 《한국 근대사 산책8》, 인물과사상사, 2008, 99쪽.
4. '도시형 한옥'이란 용어는 1920년대부터 1960년대까지 도시 상황에 맞춰 집단적으로 지어진 한옥을 지칭하는 대표적 용어다. '도시형 한옥'은 1920년대 말부터 도시로 인구 집중 현상이 본격화되면서 나타난 주택난 해소에 큰 역할을 했다. 이경아, 〈정세권의 일제강점기 가회동 31번지 및 33번지 한옥단지 개발〉, 《대한건축학회논문집 계획계》 제32권 제7호, 2016, 85쪽.
5. 김성우, 〈새로운 도시주택의 형성과 생활의 변화〉, 《일제의 식민지배와 일상생활》, 연세대 국학연구원 편, 혜안, 2004, 89~112쪽.
6. 이경아, 앞의 논문, 95쪽.
7. 채만식의 〈태평천하〉에는 윤 직원의 집이 계동에 있는 것으로 나온다. 그러나 다음 장에 나오는 '안성댁의 계동 집장사 집'과 내용상 중복을 피하고 당시 지방 지주를 포함해 상류층이 많이 살던 가회동 도시형 한옥을 소개하기 위해 여기서는 윤 직원의 집 위치를 가회동으로 바꾸었다.

8. 서울시정개발연구원, 《서울 20세기 생활문화변천사》, 서울시정개발연구원, 2001, 65쪽.

9. 서울역사박물관, 《북촌: 경복궁과 창덕궁 사이의 터전》, 서울역사박물관, 2019, 270쪽.

10. 여기에서 안성댁의 집으로 묘사한 도시형 한옥은 건양사가 익선동 166번지 일대에 지은 중당식 주택을 모델로 했다. 이경아, 〈정세권의 중당식 주택 실험〉, 《대한건축학회논문집 계획계》 제32권 제2호, 2016, 175~176쪽 참고.

11. "서울 직업부인의 보수", 〈삼천리〉 1931년 12월호.

12. 어효선, 《내가 자란 서울》, 대원사, 2003, 164~165쪽.

13. "양춘 명암 이중주: 빈민가편", 〈조광〉 1937년 4월호; 김진송, 《서울에 딴스홀을 허하라》, 현실문화연구, 2004, 264쪽.

14. 이강언, 《1930년대 한국소설의 방향》, 홍익출판사, 2003, 13쪽.

2장 문화주택

1. 전남일 외, 《한국 주거의 사회사》, 돌베개, 2008, 103~105쪽.

2. "양춘 명암 이중주: 문화주택촌", 〈조광〉 1937년 4월호; 김진송, 《서울에 딴스홀을 허하라》, 현실문화연구, 2004, 263쪽.

3. 원문은 다음과 같다. "쥐뿔도 없는 조선 사람들이 시외나 기타 터 좋은 데에다 은행의 대부로 소위 문화주택을 새장같이 짓고서 스윗홈을 삼게 된다. 그러나 지은 지 몇 달 못 되어 은행에 문 돈은 문 돈대로 날아가 버리고 외국인의 수중으로 그 집이 넘어가고 마는 수도 있다. 이리하여 문화주택에 사는 조선 사람은 하루살이 꼴로 그 그림자가 사라진다. 그러므로 우리에게는 文化住宅이 蚊禍住宅이다.", 안석주, "文化住宅? 蚊禍住宅?", 〈조선일보〉 1930년 4월 14일자.

4. 원문은 다음과 같다. "문화주택은 1930년에 와서 심하였었는데 호랑이 담배 먹을 시절에 어찌어찌하여 재산푼어치나 뭉둥그린 제 어머니 덕에 구미의 대학 방청석 한 귀퉁이에 앉아서 졸다가 온 친구와 일본 긴자銀座통만 갔다온 친구들과 혹은 A, B, C나 겨우 알아볼 만치 된 아가씨와 결혼만 하면 문화주택! 문화주택! 하고 떠든다. 문화주택은 돈 많이 처들이고 서양 외양간같이 지어도 이층집이면 좋아하는 축이 있다. 높은 집만 문화주택으로 안다면 높다란 나무 위에 원시주택을 지여 논 후에 '스위트홈'을 베풀고, 새똥을 곱다랗게 싸는지도 모르지.", 안석주, "1931년이 오면(4)", 〈조선일보〉 1930년 11월 28일자.

5. 서울시정개발연구원, 《서울 20세기 생활문화 변천사》, 서울시정개발연구원, 2002, 476쪽(주21).

3장 부민관

1. 국가기록원, 일제시기 건축 도면 컬렉션(http://theme.archives.go.kr/next/place/govLoaclAdmin.do?flag=8).
2. 이근혜, 〈일제강점기 근대 문화공간 표현 특성에 관한 연구〉, 경원대 실내건축학 석사 논문, 2007, 56~57쪽.
3. 국가기록원, 앞의 사이트.

4장 경성방송국

1. 강준만, 《한국대중매체사》, 인물과사상사, 2007, 210~212쪽.
2. 서재길, 〈JODK 경성방송국의 설립과 초기의 연예방송〉, 《서울학연구27》, 서울시립대 서울학연구소, 2006, 166~167쪽.
3. 김정동, "한국 근대건축의 재조명: 10", 〈건축사〉 1988년 4월호, 63~64쪽.
4. 서울특별시사편찬위원회, 《서울건축사》, 서울특별시, 1999, 721쪽.
5. 서재길, 앞의 논문, 158~162쪽.
6. 위의 논문, 167~169쪽.

5장 우미관

1. 당시 서구인들은 무성단편영화를 모션픽쳐Motion Picture라고 불렀는데, 이를 일본인들이 '활동사진'으로 번역했고 조선에서도 그대로 사용했다. 정종화, 《한국영화사》, 한국영상자료원, 2008, 16쪽.
2. 한상언, 〈구보씨, 우미관 영화 보러 갈래요?〉, 《구보학보》 17집, 구보학회, 2017, 11쪽.
3. 정종화, 앞의 책, 19쪽.
4. 한상언, 앞의 논문, 23~25쪽.
5. 김은경, 〈경성부민의 영화 관람과 여가문화의 이중성〉, 《일제강점기 경성부민의 여가생활》, 서울역사편찬원, 2018, 143쪽.
6. 한상언, 앞의 논문, 21~23쪽.
7. 어효선, 《내가 자란 서울》, 대원사, 2003, 94~96쪽.

6장 단성사

1. 유민영, 《한국 근대극장 변천사》, 태학사, 1998, 151~157쪽.
2. 위의 책, 160~161쪽; 전정은, 〈문학작품을 통한 1930년대 경성 중심부의 장소성 해석〉, 서울대 환경대학원 환경조경학과 석사논문, 2012, 50쪽.
3. 정종화, 《한국영화사》, 한국영상자료원, 2008, 24~25쪽.
4. 이순진, 《조선인 극장 단성사》, 한국영상자료원, 2011, 181쪽.
5. "단성사 개축", 〈동아일보〉 1934년 5월 11일자; "단성사 낙성", 〈동아일보〉 1934년 12월 22일자.
6. 이순진, 앞의 책, 182~184쪽.

7장 다방

1. 전정은, 〈문학작품을 통한 1930년대 경성 중심부의 장소성 해석〉, 서울대 환경대학원 환경조경학과 석사논문, 2012, 89~92쪽.
2. 네이버 지식백과, 〈다방과 카페, 모던보이의 아지트〉(https://terms.naver.com/entry.nhn?docId=1387317&categoryId=42027&cid=42027).
3. 위의 사이트.
4. 전정은, 앞의 논문, 92쪽.
5. 이선희, "다당여인", 〈별건곤〉 1934년 1월호; 전정은, 앞의 논문, 96쪽 참조.

8장 카페

1. 전정은, 〈문학작품을 통한 1930년대 경성 중심부의 장소성 해석〉, 서울대 환경대학원 환경조경학과 석사논문, 2012, 114쪽.
2. "인텔리 여급 哀史: 여자고보를 마치고 왜 여급 되었나?"(현대어 역은 인용자), 〈삼천리〉 1932년 9월호, 72~73쪽.
3. 네이버 지식백과, 〈다방과 카페, 모던보이의 아지트〉(https://terms.naver.com/entry.nhn?docId=1387320&categoryId=42027&cid=42027).
4. 전정은, 앞의 논문, 113쪽.
5. 네이버 지식백과, 앞의 사이트; 손정목 외, 《종로구지(하)》, 종로구, 1994, 310쪽; "카페

야화: 한숨짓는 공작들", 〈별건곤〉 1932년 9월호, 42쪽.

6. 방인근, "마도의 향불(42)", 〈동아일보〉 1933년 1월 6일자.

7. "서울 직업부인의 보수", 〈삼천리〉 1931년 12월호; "여고 출신인 기생 여우 여급좌담회", 〈삼천리〉 1936년 4월호.

8. 네이버 지식백과, 앞의 사이트.

9장 동아·조선일보 사옥

1. 전우용, 〈저자로 나온 궁중: 한국 요리의 표상 명월관〉, 《동아시아문화연구 제71집》, 한양대 동아시아문화연구소, 2017, 103~107쪽.

2. "새 집이 일다, 이천만 민중의 집", 〈동아일보〉 1926년 12월 11일자.

3. "금일이 본사 낙성기념", 〈동아일보〉 1927년 4월 30일자.

4. 강준만, 《한국대중매체사》, 인물과사상사, 2007, 251~253쪽.

5. 김정동, "한국 근대건축의 재조명: 10", 〈건축사〉 1988년 4월호, 62쪽; 김정동, "한국 근대건축의 재조명: 12", 〈건축사〉 1988년 6월호, 62쪽; 이동욱, 《민족계몽의 초석 방응모》, 지구촌, 1998, 110~112쪽; 강준만, 앞의 책, 242쪽에서 재인용.

6. "본사 신사옥과 사회적 의의", 〈조선일보〉 1935년 6월 14일자.

7. 심훈, 《상록수》, 현대문학, 2010, 21쪽.

10장 공장

1. 유진오, 〈여직공〉, 《나도향·유진오 단편선》, 소담출판사, 2002, 76쪽.

2. 위의 책, 82쪽.

3. 이기영, 《고향》, 문학과지성사, 2005, 648쪽.

11장 종로 거리

1. 일기자, "2일 동안에 서울 구경 골고루 하는 법", 〈별건곤〉 1929년 9월호.

2. 김병도·주영혁, 《한국 백화점 역사》, 서울대출판부, 2006, 60~61쪽.

3. 서울특별시사편찬위원회, 《서울건축사》, 서울특별시, 1999, 755쪽.

4. 위의 책, 751~752쪽.
5. 1999년 '건축문화의 해 조직위원회'가 펴낸 《한국건축 100년》에 따르면 이천승이 설계한 영보빌딩은 1937년에 준공되었다. 그러나 2008년 국사편찬위원회가 발행한 '구술사료선집6' 《모던걸, 치장하다》에서 임형선이 구술한 내용에 따르면, 엽주미용실이 영보빌딩 4층에서 개업한 것은 1935년이었다. 〈삼천리〉 1934년 11월호 기사 "삼천리 기밀실三千里機密室"에는 "민규식 씨의 영보빌딩 5층 대건축은 이제는 외형이 벌써 다 되어 내부 장식에 분주하고 있으므로 금년 안으로는 개문開門하게 되겠고…"라고 쓰여 있고, 〈동아일보〉 1935년 12월 20일자 석간에는 "오엽주 씨 미용원 개업, 19일부터 영보빌딩서"라는 제목의 기사가, 〈조선중앙일보〉 1936년 3월 2일자 석간에는 "영보빌딩에 소화小火"라는 제목의 기사가 실렸다. 이천승이 만주에 갔을 때는 1933년경이었다. 이런 사실로 미루어 보면, 영보빌딩은 1935년경 준공되었고 설계는 이천승이 만주로 떠나기 전 박길룡건축사무소에 있을 때 했을 가능성이 크다.
6. 서울특별시사편찬위원회, 앞의 책, 719~720쪽.
7. 장규식, 〈일제하 종로의 문화공간〉, 《종로: 시간, 장소, 사람》, 서울학연구소, 2002, 177쪽; 이경재, 《청계천은 살아 있다》, 가람기획, 2002, 318~320쪽.
8. 어효선, 《내가 자란 서울》, 대원사, 2003, 108~110쪽.
9. 최규진, 〈'경성의 명물' 선술집과 음주의 위계〉, 《일제강점기 경성부민의 여가생활》, 서울역사편찬원, 2018, 214~215쪽.

남은 이야기

1. 백욱인, 《번안 사회》, 휴머니스트, 2018, 232~233쪽.

참고문헌

단행본

강준만, 《한국 근대사 산책8》, 인물과사상사, 2008.

강준만, 《한국대중매체사》, 인물과사상사, 2007.

김경민, 《건축왕, 경성을 만들다》, 이마, 2017.

김경일, 《여성의 근대, 근대의 여성》, 푸른역사, 2004.

김병도·주영혁, 《한국 백화점 역사》, 서울대출판부, 2006.

김사량, 《김사량》, 이북스펍, 2013.

김소연, 《경성의 건축가들》, 루아크, 2017.

김소연, 《미치지도 죽지도 않았다》, 효형출판, 2019.

김유정, 《따라지》, 북토피아, 2006.

김정동, 《문학 속 우리 도시 기행2》, 푸른역사, 2005.

김진송, 《서울에 딴스홀을 허하라》, 현실문화연구, 2004.

나도향·유진오, 《나도향·유진오 단편선》, 소담출판사, 2002.

루스 배러클러프, 《여공문학》, 후마니타스, 2017.

박태원, 《천변풍경》, 문학과지성사, 2017.

백욱인, 《번안 사회》, 휴머니스트, 2018.

부산근대역사관,《백화점, 근대의 별천지》, 부산근대역사관, 2013.

서울시립대서울학연구소,《종로: 시간, 장소, 사람》, 서울시립대출판부, 2002.

서울시사편찬위원회,《서울건축사》, 서울시, 1999.

서울시정개발연구원,《서울 20세기 생활문화 변천사》, 서울시정개발연구원, 2001.

서지영,《경성의 모던걸》, 여이연, 2015.

손정목 외,《종로구지(하)》, 종로구, 1994.

심훈,《상록수》, 현대문학, 2010.

어효선,《내가 자란 서울》, 대원사, 2003.

연세대 국학연구원 편,《일제의 식민지배와 일상생활》, 혜안, 2004.

유민영,《한국 근대극장 변천사》, 태학사, 1998.

이강언,《1930년대 한국소설의 방향》, 홍익출판사, 2003.

이경돈 외,《일제강점기 경성부민의 여가생활》, 서울역사편찬원, 2018.

이경아,《경성의 주택지》, 집, 2019.

이경재,《청계천은 살아 있다》, 가람기획, 2002.

이기영,《고향》, 문학과지성사, 2005.

이상경 편,《강경애 전집》, 소명출판, 2002.

이순진,《조선인 극장 단성사》, 한국영상자료원, 2011.

이태준·박태원,《20세기 한국소설6: 이태준·박태원》, 창비, 2005.

이효석,《성찬》, 한국저작권위원회, 2017.

이효석,《화분》, 한국저작권위원회, 2017.

전남일 외,《한국 주거의 사회사》, 돌베개, 2008.

전우용,《서울은 깊다》, 돌베개, 2009.

정종화,《한국영화사》, 한국영상자료원, 2008.

주요섭,《주요섭 중단편선: 사랑손님과 어머니》, 문학과지성사, 2012.

채만식,《채만식 중단편소설》, 재승출판, 2012.

채만식,《태평천하》, 문학과지성사, 2012.

현진건,《현진건 중단편소설》, 재승출판, 2012.

논문

김민균, 〈우리나라 백화점 파사드 디자인 변화에 대한 연구〉, 연세대 건축공학과 석사논문, 2010.

김승구, 〈식민지 조선에서의 영화관 체험〉,《정신문화연구》제31권 제1호, 한국학중앙연구원, 2008.

문현아, 〈식민지 근대시기 '가사사용인' 구성의 변화와 의미〉,《한국여성학》제30권 제2호, 한국여성학회, 2014.

서선의, 〈박길룡 건축의 형태구성 원리와 그 변화에 관한 연구〉, 한양대 건축설계학과 석사논문, 2018.

서은선, 〈일제강점기 시대의 단성사 연구〉, 상명대 예술디자인대학원 영화학전공 석사논문, 2005.

서재길, 〈JODK 경성방송국의 설립과 초기의 연예방송〉,《서울학연구27》, 서울시립대 서울학연구소, 2006.

이경아, 〈정세권의 일제강점기 가회동 31번지 및 33번지 한옥단지 개발〉,《대한건축학회논문집 계획계》제32권 제7호, 대한건축학회, 2016.

이경아, 〈정세권의 중당식 주택 실험〉,《대한건축학회논문집 계획계》제32권 제2호, 2016.

이근혜, 〈일제강점기 근대 문화공간 표현 특성에 관한 연구〉, 경원대 실내건축학 석사논문, 2007.

이성은, 〈식민지 근대 카페 여급의 정치경제학적 위치성과 정체성에 관한 연구〉,《한국여성학》제23권 제2호, 한국여성학회, 2007.

전우용, 〈저자로 나온 궁중: 한국 요리의 표상 명월관〉,《동아시아문화연구》제71집, 한양대 동아시아문화연구소, 2017.

전정은, 〈문학작품을 통한 1930년대 경성 중심부의 장소성 해석〉, 서울대 환경대학원 환경조경학과 석사논문, 2012.

한상언, 〈구보씨, 우미관 영화 보러 갈래요?〉,《구보학보》제17집, 구보학회, 2017.

신문 및 잡지 기사

개벽사, "2일 동안에 서울 구경 골고루 하는 법", 〈별건곤〉 1929년 9월호.

개벽사, "카페 야화: 한숨짓는 공작들", 〈별건곤〉 1932년 9월호.

김정동, "한국 근대건축의 재조명: 10", 〈건축사〉 1988년 4월호.

김정동, "한국 근대건축의 재조명: 12", 〈건축사〉 1988년 6월호.

동아일보, "朝鮮一의 제사공장", 〈동아일보〉 1923년 4월 29일자.

동아일보, "금일이 본사 낙성기념", 〈동아일보〉 1927년 4월 30일자.

동아일보, "새 집이 일다, 이천만 민중의 집", 〈동아일보〉 1926년 12월 11일자.

방인근, "마도의 향불(42)", 〈동아일보〉 1933년 1월 6일자.

삼천리, "거리의 여학교를 자처, 섬섬옥수로 짜내는 방직여학교", 〈삼천리〉 1936년 2월호.

삼천리, "서울 직업부인의 보수", 〈삼천리〉 1931년 12월호.

삼천리, "인텔리 여급 哀史: 여자고보를 마치고 왜 여급 되었나?", 〈삼천리〉 1932년 9월호.

안석주, "1931년이 오면(4)", 〈조선일보〉 1930년 11월 28일자.

안석주, "文化住宅? 蚊禍住宅?", 〈조선일보〉 1930년 4월 14일자.

조선일보, "본사 신사옥과 사회적 의의", 〈조선일보〉 1935년 6월 14일자.

인터넷사이트

국가기록원 일제시기 건축도면 컬렉션.
http://theme.archives.go.kr/next/place/govLoaclAdmin.do?flag=8

네이버 지식백과, 〈다방과 카페, 모던보이의 아지트〉.
https://terms.naver.com/entry.nhn?docId=1387317&categoryId=42027&cid=42027
https://terms.naver.com/entry.nhn?docId=1387319&cid=42027&categoryId=42027&expCategoryId=42027
https://terms.naver.com/entry.nhn?docId=1387318&cid=48193&categoryId=48296

이미지 출처

12쪽 • 《일본지리풍속대계日本地理風俗大系》, 조선신문사朝鮮新聞社, 1937, 서울역사아카이브.

52쪽 • 청암아카이브 페이스북.

53쪽 • 송인호, 〈도시형 한옥의 유형연구〉, 서울대 박사학위논문, 1990.

54~55쪽(위) • 성북마을아카이브.

55쪽(아래) • 송인호, 〈도시형 한옥의 유형연구〉, 서울대 박사학위논문, 1990.

56쪽 • 국사편찬위원회 편, 《삶과 생명의 공간, 집의 문화》, 두산동아, 2008.

57쪽(위) • 《일본지리풍속대계日本地理風俗大系》, 신광사新光社, 1930, 서울역사아카이브.

57쪽(아래) • 전남일 외, 《한국 주거의 사회사》, 돌베개, 2008.

60쪽 • 《일본지리풍속대계日本地理風俗大系》, 신광사新光社, 1930, 서울역사아카이브.

74~75쪽 • 서울역사아카이브.

76쪽(위) • 〈조선과 건축朝鮮と建築〉 1929년 제8집 제2호.

76쪽(아래) • 〈조선과 건축朝鮮と建築〉 1929년 제8집 제12호.

77쪽 • 〈조선일보〉 1930년 4월 14일자.

92쪽 • 서울역사아카이브.

93쪽 • 김정동, 〈한국 근대건축의 재조명 13〉, 《건축사》, 1988년 10월호.

94~95쪽 • 국가기록원.

110쪽(위) • 서울특별시사편찬위원회, 《사진으로 보는 서울2》, 서울시, 2002.

110쪽(아래) • 〈동아일보〉 1929년 11월 10일자.

111쪽 • 우리역사넷.

114쪽 • 서울특별시사편찬위원회, 《사진으로 보는 서울 2》, 서울시, 2002.

126쪽(위) • 《대경성도시대관大京城都市大觀》, 조선신문사朝鮮新聞社, 1937, 서울역사 아카이브.

126쪽(아래) • 서울특별시사편찬위원회, 《사진으로 보는 서울 2》, 서울시, 2002.

127쪽 • 2017 서울사진축제 페이스북.

144쪽(위) • 《대경성도시대관大京城都市大觀》, 조선신문사朝鮮新聞社, 1937, 서울역사 아카이브.

144쪽(아래) • 이순진, 《조선인 극장 단성사》, 한국영상자료원, 2011.

145쪽 • 서울역사박물관, 《명동; 공간의 형성과 변화》, 2011, 서울역사아카이브.

160쪽 • 《조선朝鮮》, 조선총독부朝鮮總督府, 1925, 서울역사아카이브.

161쪽(위·우, 아래) • 이순우, 《손탁호텔》, 하늘재, 2012.

162쪽 • 〈인천일보〉 2011년 11월 18일자.

163쪽(아래) • 문화역서울 284 전시회, 〈커피사회〉, 2019.

166쪽 • 《대경성도시대관大京城都市大觀》, 조선신문사朝鮮新聞社, 1937, 서울역사아카 이브.

178쪽(좌) • 김정동, 《문학 속 우리 도시 기행》, 옛오늘, 2001.

178쪽(우)~179쪽 • 《대경성도시대관大京城都市大觀》, 조선신문사朝鮮新聞社, 1937, 서울 역사아카이브.

200쪽(위) • 〈동아일보〉 1927년 4월 30일자.

200쪽(아래) • 〈조선과 건축朝鮮と建築〉 1927년 6월호.

202쪽(위) • 조선일보, 《조선일보 50년사》, 1970.

202쪽(아래) • 〈조선과 건축朝鮮と建築〉 1935년 9월호.

203쪽 • 조선일보, 《조선일보 90년사》, 2010.

226쪽 • 《약진조선대관躍進朝鮮大觀》, 제국대관사帝國大觀社, 1938, 서울역사아카이브.

227쪽(위) • 《일본지리풍속대계日本地理風俗大系》, 신광사新光社, 1930, 서울역사아카이브.

227쪽(아래) • 《조선》, 조선총독부朝鮮總督府, 1925, 서울역사아카이브.

228쪽(위) • 《대경성도시대관大京城都市大觀》, 조선신문사朝鮮新聞社, 1937, 서울역사 아카이브.

228쪽(아래) • 서울특별시사편찬위원회, 《사진으로 보는 서울 2》, 서울시, 2002.

229쪽 • 우리역사넷.

259쪽 • 《조선풍경인속사진첩朝鮮風景人俗寫眞帖》, 일한서방日韓書房·일지출상행日之
出商行·해시상회海市商會, 1911, 서울역사아카이브.

260쪽 • 부산근대역사관, 《백화점, 근대의 별천지》, 2013.

261쪽 • 국사편찬위원회 편, 《장시에서 마트까지 근현대 시장 경제의 변천》, 두산동아,
2007.

262~263쪽 • 부산근대역사관, 《백화점, 근대의 별천지》, 2013.

건축, 근대소설을 거닐다

1판 1쇄 펴냄 2020년 10월 10일
1판 3쇄 펴냄 2021년 12월 10일

지은이 김소연
펴낸이 천경호
종이 월드페이퍼
제작 (주)아트인
펴낸곳 루아크
출판등록 2015년 11월 10일 제409-2015-000020호
주소 10083 경기도 김포시 김포한강2로 208, 410-1301
전화 031.998.6872
팩스 031.5171.3557
이메일 ruachbook@hanmail.net

ISBN 979-11-88296-43-9 03910

이 도서는 '2020 경기도 우수출판물 제작지원' 선정작입니다.